HEALING SCHOOL
LIBRO DE TRABAJO
NIVEL 1

Amazing Love Healing Ministry
www.amazinglovehealing.com

Sharon Gottfried Lewis

Healing School Level 1 Workbook, Spanish Edition
A Course in Inner Healing
By Sharon Lynn Gottfried Lewis

Printed in the United States of America.
ISBN-13: 978-0692866122 (Agape Publishing)
ISBN-10: 0692866124

Dedicado a mi mentor en el ministerio de sanación cristiana, Dr. Rita Bennett, Christian Renewal Association ministerio, Dr. Rita Bennett, quien inicialmente invirtió en mí su tiempo, conocimiento y amistad, cubriéndome con sus oraciones. Estoy agradecida por todos los que me han educado por relación, escritos, oraciones y enseñanzas.

¡A Dios doy toda la gloria!

Thank you, Reverend Mary Alice Lopez for translating this book. You are a blessing to this ministry.
Thank you, Dr Lora Reed for your support and help publishing this Spanish edition.

Gracias Reverendo Mary Alice López para la traducción de este libro. Eres una bendición para este Ministerio.
Gracias Dr Lora Reed por su apoyo y la ayuda editorial de esta edición en español.

ACERCA DEL AUTOR

Estoy tan emocionado que usted está leyendo "A cerca del autor" del libro de trabajo de la Rev. Dr. Sharon Lewis para su Healing School 1, porque significa que está en un viaje de sanar. Yo mismo he estado en el mismo viaje y Pastor Sharon ha sido una guía inestimable a lo largo de esta senda por casi veinte años.

La primera vez que atendí una Conferencia de Sanar que estaba dirigiendo "Pastor Sharon", estaba muy ansioso. Tenía yo muchos problemas que me mantuvieron alejado del ministerio de sanar de Pastor Sharon pero el SEÑOR seguía "subiendo la temperatura" en mi vida hasta que por fin me encontré en una de sus conferencias de sanar. Aquí estaba yo un teólogo entrenado y doctrinadamente contra mujeres pastores, no cómodo con los estilos de adoración expresiva, etc., etc. aún así Dios no me daba nada de paz hasta que finalmente estuve de acuerdo en ir.

En ese tiempo, estuve en un lugar desesperado en mi vida donde vine a darme cuenta de que todas las maravillosas verdades que yo "sabía" de Jesús estaban pegadas en mi mente y no estaban conectadas a mi corazón, voluntad y emociones. Esto me vino como gran sorpresa—pero no a mi compañera y fiel esposa Susie. La historia de cómo Dios comenzó a derramar Su Espíritu en mi vida y mis emociones y sanarme es larga pero basta decir que viendo al pasado, el día que conocí al Pastor Sharon fue el comienzo de muchas de las experiencias más importantes que he tenido en recibir la gracia y sanación de Dios.

Pastor Sharon se ha convertido en una amiga y colega a través de los años pero mucho de lo que soy se ha templado por mis experiencias en sus escuelas de sanar y sus conferencias. También le he mandado a ella literalmente cientos de personas para recibir ministerio en sus escuelas y para crecer y ser enseñadas para servirles a otros también. Yo personalmente he asistido a muchas otras escuelas de sanar maravillosas y me he beneficiado bastante, pero hay algo tan especial del amor y unción en Pastor Sharon que ella siempre es el estándar al que miro.

Parte de lo que es tan asombroso de Pastor Sharon es que ella combina un conjunto de dones únicos que no se encuentra siempre en ministerios similares y Escuelas de Sanar.

- Las enseñanzas que recibirá son de confianza. Pastor Sharon es una maestra dotada y una fiel expositora de la Palabra de Dios. Ella es tan sólida en su pensar como poderosa en su ministerio de imposición de manos en ministerio público.
- Segundo, ella ha desarrollado una manera única de ayudar a la gente para recibir ministerio y crecer rápidamente para rezar efectivamente para otros. Este libro de trabajo está usado en las Escuelas de Sanar que incorpora sesiones de grupos pequeños que son inestimables para crecer y aprender del deseo de Dios y Su complacencia en sanar a Su gente.
- tan bellamente! Pasto Sharon ha entrenado a cientos y cientos de personas en el ministerio de sanar y ¡algunas podrían estar liderando esta Escuela de Sanar! Los lideres que ella ha ayudado a crecer en su propio don y unción están usados por el SEÑOR tan consecuentemente para ayuda a ministrar y entrenar a otros. Así uno sabe que alguien de veras tiene algo especial de

ofrecer—cuando pueden ayudar a otros (como usted) a crecer en hombres y mujeres que el SEÑOR pueden usar para ayudar a otros en sus viajes.

Espero que tenga puesto su cinturón de seguridad, ¡está en el lugar correcto en el momento correcto! Es un honor para mí de fomentarle a abrir su corazón tanto como pueda para recibir de esta escuela y crecer and aprender tanto como yo.

¡Que el SEÑOR demarre Su gracia de sanar sobre usted!

The Rt. Rev Ron Kuykendall, Ph.D.
Sr. Pastor and Missionary Bishop
St. Andrew's Church
Gainesville, Florida

¡Bienvenidos!

Yo con la Junta de Amazing Love Healing Ministry estamos encantadas y emocionados ¡ de que están tomando este Curso Nivel 1 de la Escuela de Sanar! Este es el comienzo de un viaje emocionante con Dios que le presenta o avanza su entrenamiento en sanar. Nuestra meta es en tres partes:

- Proveer enseñanza específica en siete áreas básicas de sanar;
- Proveer experiencias para su propia sanación;
- Proveer la oportunidad para participar en la sanación de otro.

Este libro es un recurso que corresponde a la serie de conferencias de Amazing Love Healing Ministry Escuela de Sanar Nivel 1. Una serie de DVD también ha sido publicada para acompañar a este libro. El mejor uso de estas materias es en conjunto de uno con el otro.

Cada sesión principal de enseñanza comienza con adoración y oración. Llamamos al Espíritu Santo a estar presente y guiarnos por este tiempo de sanar con el Señor. Tomen notas, háblense, escuchen, pregunten, mediten, reflexionen, adoren, recen y dejen que comience y se profundice la sanación en todos nosotros.

Muchas veces la gente me pregunta como comencé este ministerio de sanar. Mi respuesta es sencilla: ¡necesitaba sanación! Tal vez ustedes también están llamados a este ministerio para servir. Veinticinco años de experiencia en este ministerio ha confirmado para mí cada vez que Dios ciertamente es el Dios que nos sana. El es nuestro sanador y El anhela que nosotros seamos sanados para ser sanadores en Su Nombre en esta tierra. Tenemos un dicho en este ministerio: gente herida hiere a otros, pero gente sanada por Jesucristo sanan a otros.

Entonces ¡abrochen sus cinturones de seguridad y comencemos!

Dios los bendiga y Su amor les lleve por este bello viaje de sanación.

Amor en Cristo,

Rev. Dr. Sharon L. Gottfried Lewis

Directora Ejecutiva

Amazing Love Healing Ministry

". . .a vendar a los quebrantados de corazón ... dé gloria en lugar de ceniza . . . ." **Isaías 61:1-3**

Nuestra Visión:
Un mundo donde el poder de sanar de Dios está conocido, aceptado y compartido por Su gente para ¡traer sanación a todos!

Nuestra Misión:
Plantar casas/centros de sanación por todo el mundo.

Nuestro Lugar de Encuentro:
- Introducción a la Conferencia de Sanación
- Conferencia de Sanación Básica: "Restaurando el Alma"
- Conferencia de Sanación Avanzada: "Restaurando el Alma"
- Curso de Sanación Básico de Ocho Semanas: "Restaurando el Alma"
- Curso de Sanación para Mujeres
- Curso de Sanación para Hombres
- Conferencia para Matrimonio
- Citas de Sanación Privadas
- Talleres de Sanación: Problemas Específicos de Sanar
- Escuelas de Sanación: Formación para Ministros de Oración de Sanación: Niveles 1, 2, 3, 4
- Conducir Servicio de Sanación
- Viajes de Misión
- Conferencia de "Restaurando el Alma de una Iglesia"
- Formando un Ministerio de Sanación en Su Iglesia
- Consultar

Directora Ejecutiva: La directora ejecutiva es Rev. Dr. Sharon L. Gottfried Lewis, un clérigo Episcopal, residente canónicamente en la Diócesis del Suroeste de la Florida. Ella tiene un doctorado de Trinity School for Ministry, Ambridge, PA: Master of Divinity de The University of the South, Sewanee, TN; una maestría en asesoramiento/psicología de Nova University, Ft. Lauderdale, FL y un licenciatura en Educación de University of New Jersey (originalmente Trenton State College), Trenton, NJ. Formación adicional en modalidades de sanación cristiana: Rita Bennett Cursos de Sanar Básicos y Avanzados; cursos de Francis McNutt; Theophostic Training; Elijah House. Su hijo Brian y nuera Kristy y su nieta preciosa Zoë viven en Maryland.

Rev. Dr. Sharon L. Gottfried Lewis

Contactenos a:

info@amazinglovehealing.com
Suscríbase para estar en la lista de correo en www.amazlinglovehealing.com

Amazing Love Healing Ministry is a 501c3 nonprofit, nondenominational ministry, located in Nokomis, FL

TABLA DE CONTENIDO

Dios Sana

Conceptos Claves:
- **Dios Sana**
- **Sanar y la Persona Trino y Uno**
- **Sanar Internamente o Sanar el Espíritu/Alma**
- **Niño Dentro de Uno**
- **Fuentes de Heridas Emocionales**
- **El Pasado**
- **Bloques para Sanar**

¿SANA DIOS?

"Yo soy Jehová tu sanador." (Éxodo 15:26)

"El Espíritu de Jehová el Señor está sobre mí, porque me ungió Jehová; me ha enviado a predicar buenas nuevas a los quebrantados de corazón, a publicar libertad a los cautivos y a los presos apretura de la cárcel; a proclamar el año de la buena voluntad de Jehová y el día de venganza del Dios nuestro; a consolar a todos los enlutados; a ordenar que a los afligidos de Sion se les dé gloria en lugar de ceniza, óleo de gozo en lugar de luto, manto de alegría en lugar del espíritu angustiado; y serán llamados árboles justicia, plantío de Jehová, para gloria suya. (Isaías 61:1-3; Lucas 4:18)

"Y recorrió Jesús toda Galilea, enseñando en las sinagogas de ellos, y predicando el evangelio del reino, y sanando toda enfermedad y toda dolencia en el pueblo." (Mateo 4:23)

"Y el que estaba sentado en el trono dijo: He aquí, yo hago nuevas todas las cosas." (Apocalipsis 21:5a)

¡Sanar está en el mero corazón de Dios!

SANAR Y LA PERSONA TRINO Y UNO

- ¡Nosotros estamos hechos en la imagen de Dios! (Génesis 1:26)—Padre, Hijo y Espíritu Santo.
- Somos una persona trino y uno.
  1. **CUERPO:** (griego: *soma*)
  2. **ALMA:** (griego: *psuche*) (1 Crónicas 22:19; Salmos 23:3; Salmos 119:75; Proverbios 6:32; Mateo 10:28; Juan 12:27; 3 Juan 2; Intelecto—voluntad—emociones (Lucas 22:42) hebreo del Antiguo Testamento: *nephesh*
  3. **ESPÍRITU:** (griego: *pneuma*) (Job 32:8; Proverbios 20:27; Corintios 6:20; Eclesiastés 12:7; Ezequiel 11:19, 36:26; 18:31; Salmos 51:10-12)
- Los componentes **del ALMA y del ESPÍRITU**
  1. **INTELECTO**
  2. **EMOCIONES:** (Proverbios 23:7—*"Porque cual es su pensamiento en su corazón, tal es él."*)
  3. **LA VOLUNTAD**

¿QUE ES SANAR INTERNAMENTE O DE ESPIRITU/ALMA?

- Es el sanar del interior de uno por Cristo.
- Sanar de espíritu/alma se dirige a las heridas emocionales pasadas y experiencias traumáticas de la vida que han dejado herido emocional, trauma, inseguridad y evitar perdonar.

Cosas para Recordar

- Sanar comienza cuando usted acepta a Jesucristo como Salvador y Señor.
- Jesús es Señor de su pasado, presente, y futuro.
- Sanar de espíritu/alma no cambia el pasado; cambia su perspectiva del pasado.

"De modo que si alguno está en Cristo, nueva criatura es; las cosas viejas pasaron; he aquí todas son hechas nuevas. Y todo esto proviene de Dios, quien nos reconcilió consigo mismo reconciliando consigo al mundo, no tomándoles en cuenta a los hombres sus pecados, y nos encargó a nosotros la palabra de la reconciliación." (2 Corintios 5:17-19)

¿QUE ES EL NIÑO DENTRO DE UNO?

- **NIÑO DENTRO DE UNO:** Es la parte de usted que retiene los sentimientos y recuerdos que experimentó en la niñez.
- **NIÑO CREATIVO:** Es la parte sanada de la niñez que permite a usted a ser creativo, espontáneo, etc.
- **NIÑO DAÑADO:** Es la parte no sanada de eventos o recuerdos de la niñez que se presentan en adultos como berrinches, hacer pucheros, etc.

Raíz del problema: Heridas no sanadas, traumas, evitar perdonar y otros problemas de sanar tienen raíces en el pasado de uno. El "fruto" del comportamiento del presente de uno viene de esta" raíz".

> Marcos 9:21—*"Jesús preguntó al padre, '¿Cuánto tiempo hace que le sucede esto?' Y él dijo, 'Desde niño.'"*

"SIGA EL FRUTO A LA RAIZ"

Algunos ejemplos de preguntas para llegar a la raíz del problema son:

- ¿Ha sentido este sentimiento anteriormente? ¿Cuándo?
- ¿Cuánto tiempo tiene usted de creer así?
- ¿Qué le hacía miedoso(a) de niño(a)?
- ¿Cuándo sintió miedo por primera vez?
- ¿Cuál fue el primer recuerdo dañoso?
- ¿Quién sintió que era el primero que le quería?

FUENTES DE HERIDAS EMOCIONALES

- **HERIDAS NO SANADAS:** Heridas no sanadas nacen en el alma cuando perdemos algo bueno que habíamos recibido y es requerido para ser completo y sano.
- **NECESIDADES NO REALIZADAS:** Necesidades no realizadas nacen en el alma cuando no adquirimos todo lo que necesitábamos para ser completo.
- **PROBLEMAS NO RESUELTOS:** Problemas no resueltos nacen en el alma cuando no sabemos procesar efectivamente y constructivamente nuestras necesidades no realizadas y heridas no sanadas.

¿POR QUE TRATAR AL PASADO?

a. El evento ocurrió en el **PASADO**, pero el dolor está experimentado en el **PRESENTE**.

b. Buena conducta, actitudes sanas, y bienestar del físico se puede localizar en las experiencias positivas del niñez, educación buena, criar bien, cuidado del físico.

c. Conducta negativa, actitudes erróneas, miedos, ansiedad, evitar perdón y muchas enfermedades físicas tienen la raíz en las heridas del pasado o eventos traumáticos, situaciones no resueltas de la vida y los tiempos cuando nuestras necesidades básicas de amor y criar no fueron realizadas.

Tipos de Oración para Sanar Internamente

- Sanar un recuerdo: Una experiencia de oración de sanar internamente en la cual la persona para quien están rezando responde a un recuerdo revelado por el Espíritu Santo.
- Una oración de un recuerdo feliz: Una oración de sanar interior en la cual el Espíritu Santo revela a la mente un recuerdo feliz en la vida de una persona.
- Oración creativa: Siguiendo la guía del Espíritu Santo, la persona puede experimentar un evento creativo o una revelación que no es un recuerdo actual ni un evento de la vida real.
- Dispersar las mentiras: En esta forma de oración de sanar interior, el individuo para quien están rezando expresa creencias que han estado presentes en circunstancias de vida específica o generales.

BLOQUES PARA SANAR

a. No aceptar a Jesucristo como SALVADOR y SEÑOR
b. Negar el poder del Espíritu Santo
c. Miedo/Enojo
d. Evitar perdonar
e. Racionalización
f. Pecado generacional
g. Emociones bloqueadas
h. Opresión demoniaca
i. Baluartes/Barreras
j. Negar las heridas

Barreras para Sanar

Tres grandes barreras para ser completo personalmente y espiritualmente en Cristo:

- Falta de auto-aceptar
- Falta de perdonar a otros
- Falta de recibir el perdón para si mismo

¿COMO SABER QUE NECESITA SANAR?

1) Tener una necesidad repetitiva o tener demasiadas ganas de cualquier cosa
2) Estar descontento con frecuencia; el pasto es más verde en otros lados
3) Tratar de llenar lugares vacios adentro con cosas aparte de Dios
4) Pecado manifiesto, patente, consciente en mi vida
5) Imperdonable en mi corazón
6) Falta de libertad en las relaciones: con Dios y/o con gente
7) Incómodo con mi mismo u otros
8) Recuerdos negativos con frecuencia
9) No lleva bien con los padres u otros miembros de la familia
10) Explosión de enojo, rabieta
11) Criticar y juzgar a otros, a si mismo
12) Sueños repetitivos
13) Sentimientos de auto-valor bajos
14) Sentimientos de superioridad
15) Falta de libertad en adorar
16) Sarcástico con frecuencia
17) Falta de arrepentimiento

18) Problemas de controlar
19) Siente la víctima
20) No puede expresarse los sentimientos fácilmente
21) Quiere vengarse de alguien
22) Miedoso
23) Auto-consciente
24) Pena sin Dios
25) ¡Usted está aquí!

PLATICA DE GRUPOS PEQUEÑOS

PREGUNTAS y ORACIONES
Dios Sana

En sus grupos pequeños, por favor usen una o más de estas preguntas o iniciativas para comenzar las pláticas. Acuérdense usar la mayoría del tiempo para rezar.

1) Primero preséntese: quién es y por qué vino a esta conferencia. Comparta una cosa personal que le gustaría que el grupo supiera de usted.

_____
_____
_____

2) Hay tres barreras para sanar enlistadas. ¿Puede usted identificar cualquier barrera en su vida? Si sí, ¿cuál es?

_____
_____
_____

3) Mire la lista de "¿Cómo saber que necesita sanar?" ¿Cuál(es) le concierne?

_____
_____
_____

TIEMPO PARA REZAR
1) Oración de Afirmación
2) El Salmo 23

REFERENCIAS BIBLICAS

CUERPO

1 Corintios 6:20—"Porque habéis sido comprados por precio; glorificad, pues, a Dios en vuestro cuerpo."
1 Corintios 15:44—"Se siembra cuerpo animal, resucitará cuerpo espiritual. Hay cuerpo animal, y hay cuerpo espiritual."

NOVIA

Isaías 61:10—"En gran manera me gozaré en Jehová, mi alma se alegrará en mi Dios; porque me vistió con vestiduras de salvación, me rodeó de manto de justicia, como a novio me atavió,
y como a novia adornada con sus joyas."
Jeremías 2:2—"Anda y clama a los oídos de Jerusalén, diciendo: Así dice Jehová: Me he acordado de ti, de la fidelidad de tu juventud, del amor de tu desposorio, cuando andabas en pos de mí en el desierto, en tierra no sembrada."
Apocalipsis 19:7—"Gocémonos y alegrémonos y démosle gloria; porque han llegado las bodas del Cordero, y su esposa se ha preparado mis corderos.'"."

LIBERTAD

2 Corintios 3:17—"Donde está el Espíritu del Señor, allí hay libertad."

DIOS VIVE EN NOSOTROS

1 Juan 4:13-15—"En esto conocemos que permanecemos en él, y él en nosotros, en que nos ha dado de su Espíritu. Y nosotros hemos visto y testificamos que el Padre ha enviado al Hijo, el Salvador del mundo. Todo aquel que confiese que Jesús es el Hijo de Dios, Dios permanecen él, y él en Dios."
Romanos 8:9—"Mas vosotros no vivís según la carne, sino según el Espíritu, si es que el Espíritu de Dios mora en vosotros. Y si alguno no tiene el Espíritu de Cristo, no es de él."

SANAR LOS RECUERDOS

Isaías 43:18-19—"No os acordéis de las cosas pasadas, ni traigáis a memoria las cosas antiguas. He aquí que yo hago cosa nueva; pronto saldrá a luz; ¿no la conoceréis? Otra vez abriré camino en el desierto, y ríos en la soledad."

PEDRO RENIEGA A JESUS Y SU RESTAURACION

Juan18:25—"Estaba, pues, Pedro en pie, calentándose. Y le dijeron: ¿No eres tú de sus discípulos? El negó, y dijo: No lo soy."
Juan 21:7, 9, 15—"Entonces aquel discípulo a quien Jesús amaba dijo a Pedro: ¡Es el Señor! Simón Pedro, cuando oyó que era el Señor, se ciñó la ropa (porque se había despojado de ella),
y se echó al mar. . . .Al descender a tierra, vieron brasas puestas, y un pez encima de ellas, y pan. . . .Cuando hubieron comido, Jesús dijo a Simón Pedro: Simón, hijo de Jonás, ¿me amas más que éstos? Le respondió: Sí, Señor; tú sabes que te amo. El le dijo: Apacienta mis corderos."

ESPIRITU HUMANO

Job 32:8—"Ciertamente espíritu hay en el hombre, y el soplo del Omnipotente le hace que entienda."
Ezequiel 11:19—"Y les daré un corazón, y un espíritu nuevo pondré dentro de ellos; y quitaré el corazón de piedra de en medio de su carne, y les daré un corazón de carne."

AMOR

Deuteronomio 7:13—"Y te amará, te bendecirá y te multiplicará, y bendecirá el fruto de tu vientre y el fruto de tu tierra, tu grano, tu mosto, tu aceite, la cría de tus vacas, y los rebaños de tus ovejas, en la tierra que juró a tus padres que te daría."

Jeremías 31:3-6—"Jehová se manifestó a mí hace ya mucho tiempo, diciendo: Con amor eterno te he amado; por tanto, te prolongué mi misericordia. Aún te edificaré, y serás edificada, oh virgen de Israel; todavía serás adornada con tus panderos, y saldrás en alegres danzas. Aún plantarás viñas en los montes de Samaria; plantarán los que plantan, y disfrutarán en ellas. Porque habrá día en que clamarán los guardas en el monte de Efraín: Levantaos, y subamos a Sion, a Jehová nuestro Dios.

Oseas 14:4—"Yo sanaré su rebelión, los amaré de pura gracia; porque mi ira se apartó de ellos."

Juan 14:23—"Respondió Jesús y le dijo: El que me ama, mi palabra guardará; y mi Padre le amará, y vendremos a él, y haremos morada con él."

Juan 15:9—"Como el Padre me ha amado, así también yo os he amado; permaneced en mi amor."

John 15:13-14—"Nadie tiene mayor amor que este, que uno ponga su vida por sus amigos. Vosotros sois mis amigos, si hacéis lo que yo os mando."

Romanos 5:5—"Y la esperanza no avergüenza; porque el amor de Dios ha sido derramado en nuestros corazones por el Espíritu Santo que nos fue dado.

Romanos 5:8—"Mas Dios muestra su amor para nosotros, en que siendo aún pecadores, Cristo murió por nosotros.

Efesios 1:4--"Según nos escogió en él antes de la fundación del mundo, para que fuésemos santos y sin mancha delante de él."

Efesios 3:17-19—"Para que habite Cristo por la fe en vuestros corazones, a fin de que, arraigados y cimentados en amor, seáis plenamente capaces de comprender con todos los santos cuál sea la anchura, la longitud, la profundidad y la altura, y de conocer el amor de Cristo, que excede a todo conocimiento, para seáis llenos de toda la plenitud de Dios."

2 Tesalonicenses 3:5—"Y el Señor encamine vuestros corazones al amor de Dios, y a la paciencia de Cristo."

MENTE

Romanos 12:16—"Unánimes entre vosotros; no altivos, sino asociándoos con los humildes. No seáis sabios en vuestra propia opinión."

1 Corintios 2:16—"Porque ¿quién conoció la mente del Señor? ¿Quién le instruirá? Mas nosotros tenemos la mente de Cristo."

Filipenses 2:5—"Haya, pues, en vosotros este sentir que hubo también en Cristo Jesús."

2 Timoteo 1:7—"Porque no nos ha dado Dios espíritu de cobardía, sino de poder, de amor y de dominio propio."

REBELION

Salmo 107:10-14—"Algunos moraban en tinieblas y sombra de muerte, aprisionados en aflicción y en hierros, por cuanto fueron rebeldes a las palabras de Jehová, y aborrecieron el consejo del Altísimo. Por eso quebrantó con el trabajo sus corazones; cayeron, y no hubo quien los ayudase. Luego que clamaron a Jehová en su angustia, los libró de sus aflicciones; los sacó de las tinieblas y de la sombra de muerte, y rompió sus prisiones.

SATISFACCION
2 Pedro 1:3—"Como todas las cosas que pertenecen a la vida y a la piedad nos han sido dadas por su divino poder, mediante el conocimiento de aquel que nos llamó por su gloria y excelencia."

SANAR DE LA SOCIEDAD
2 Crónicas 7:14—"Si se humillare mi pueblo, sobre el cual mi nombre es invocado, y oraren, y buscaren mi rostro, y se convirtieren de sus malos caminos; entonces yo oiré desde los cielos, y perdonaré sus pecados, y sanaré su tierra.

ALMA
Salmo 23:3—"Confortará mi alma; me guiará por sendas de justicia por amor de su nombre."
Mateo 10:28—"Y no temáis a los que matan el cuerpo, mas el alma no pueden matar; temed más bien a aquel que puede destruir el alma y el cuerpo en el infierno."

SANAR AL ESPIRITU
Juan 1:12—"Mas a todos los que le recibieron, a los que creen en su nombre, les dio potestad de ser hechos hijos de Dios."

TRINIDAD DEL HOMBRE
1 Tesalonicenses 5:23—"Y el mismo Dios de paz os santifique por completo; y todo vuestro ser, espíritu, alma y cuerpo, sea guardado irreprensible para la venida de nuestro Señor Jesucristo.

AMOR DURADERO
Proverbios 20:6—"Muchos hombres proclaman cada uno su propia bondad, pero hombre de verdad, ¿quién lo hallará."
Salmo 100:5—"Porque Jehová es bueno; para siempre es su misericordia, y su verdad por todas las generaciones."

I. Dios Quiere que su Gente esté Sanada
   a. Completo es santidad
   b. Para que el Cuerpo de Cristo pueda cumplir su misión, ¡debemos ser sanados!

II. Somos Creados en El Imagen de Dios
   a. Somos una persona trino y uno. (1 Tesalonicenses 5:23)
      i. **Espíritu**
      ii. **Alma**
         1. Intelecto
         2. Voluntad
         3. Emociones
      iii. **Cuerpo**
   b. Dios quiere sanar nuestra PERSONA ENTERA (Gregorio de Nazianzus).

III. Tipos de Sanar
   a. (ESPIRITU) Sanar Espiritual—Pecado Personal
   b. (ALMA) Sanar Emocional—Heridas Pasadas
   c. (CUERPO) Sanar Físico—Enfermedad o Accidentes
   d. Opresión Demoniaca

IV. ¿Qué es el NIÑO DENTRO DE UNO?
   a. El Niño Dentro de Uno
      i. **Estamos llamados para ser como niño. (Mateo 19:14)**
      ii. **Estamos llamados a dejar lo que es *de niño*. (1 Corintios 13:11)**
   b. El Niño Creativo
   c. El Niño Herido

V. ¿Por qué tratar al PASADO?
   a. El evento ocurrió en el PASADO, pero el DOLOR está experimentado en el PRESENTE
   b. Buena conducta, actitudes sanas y bienestar físico pueden ser los resultados de experiencias positivas del niñez, educación buena, criar y cuidado del físico.
   c. Conducta negativa, actitudes erróneas, miedos, ansiedad, imperdonables y muchas enfermedades tienen la raíz en heridas pasadas o eventos traumáticos, situaciones de vida no resueltas y los tiempos cuando nuestras necesidades básicas de amor y criar no no fueron realizadas.

VI. ¿Qué es SANAR INTERNAMENTE?
   a. "Ministerio de oración que le ayuda al Cristiano ser completo o sagrado en su alma. Reconoce que Jesús es Señor de su pasado igual que su presente y futuro. El es ¡Señor de todo!" (Rita Bennett—*Emotionally Free*)

   b. "La idea tras el sanar internamente es sencillamente que podemos pedirle a Jesucristo caminar al momento cuando fuimos heridos y liberarnos de los efectos de esa herida en el presente." (Francis MacNutt—*Healing*)

   c. Recursos de HERIDAS DEL ALMA (Liberty Savaard—*Shattering Your Strongholds*)

        i. **Heridas No Sanadas**
       ii. **Necesidades No Realizadas**
     iii. **Problemas No Resueltos**

   d. Las personas quienes están heridas lastiman a otros. Las personas sanados por Jesucristo sanar a otros.

VII. Tipos de ORACION PARA SANAR INTERNAMENTE

   a. **Sanar un Recuerdo:** Una oración para sanar internamente cuando la persona para quien están rezando responde a un recuerdo revelado por el Espíritu Santo.

   b. **Oración de un Recuerdo Feliz:** Una oración para sanar internamente en la cual el Espíritu Santo trae a la mente de la persona un recuerdo feliz.

   c. **Oración Creativa:** Siguiendo el Espíritu Santo, la persona pueda experimentar un evento creativo o una revelación que no es un recuerdo actual o de un evento de la vida real.

   d. **Dispersar las Mentiras:** En esta forma de oración para sanar internamente, el individuo para quien están rezando expresa las creencias que han estado presentes en circunstancias de vida específicas o generales.

VIII. Lo que SANAR INTERNAMENTE NO ES

   a. No es re-confesar los pecados del pasado.
   b. No es investigar el pasado.
   c. No es enseñar a la gente olvidar o negar las heridas.
   d. No es dar consejos o racionalizar o aconsejar.
   e. No es un truco psicológico.
   f. No es modificar la conducta.
   g. No es simplemente aprender aguantar el dolor.

IX. Bloques para Sanar

   a. No aceptar a Jesucristo como SALVADOR y SEÑOR
   b. Negar el poder del Espíritu Santo
   c. Miedo
   d. Pecado no Confesado
   e. Imperdonables
   f. Racionalización
   g. Pecado Generacional
   h. Emociones Bloqueadas
   i. Opresión Demoniaca
   j. Negar las Heridas

Notas:

Sanar Heridas no Sanadas

Conceptos Claves:

- **Sanar Internamente**
- **Niño Dentro de Uno**
- **Raíces de los Problemas ("Fruto a Raíz")**
- **Tipos de Oraciones de Sanar al Alma**
- **Renunciar Conducta y Costumbres del Pasado**

QUE ES SANAR INTERNAMENTE: REPASO

Sanar internamente es sanar el interior de uno mismo y muchas veces se conoce por lo
Siguiente:
1) Sanar al Alma
2) Sanar Emocional
3) Sanar a los Recuerdos
4) Transformación

"De modo que si alguno está en Cristo, nueva criatura es; las cosas viejas pasaron; he
aquí todas son hechas nuevas." (2 Corintios 5:17)
"Justificados, pues, por la fe, tenemos paz para con Dios por medio de nuestro Señor
Jesucristo por quien también tenemos entrada por la fe a esta gracia en la cual estamos
firmes, y nos gloriamos en la esperanza de la gloria de Dios." (Romanos 5:1-2)

Oración de sanar al alma es permitir que Jesús, quien NO está estorbado por el tiempo,
traiga curación a las áreas de nuestras emociones. El deseo de Jesús es ser Señor de nuestro pasado,
igual que nuestros presentes y nuestros futuros.

"Jesucristo es el mismo ayer, y hoy, y por todos los siglos." (Hebreos 13:8)

Sanar al alma no cambia el pasado. Sanar al alma cambia nuestra perspectiva del pasado. Durante la
oración de sanar al alma, Jesús está permitido traer eventos a la superficie como él los dirija. Jesús se
hace conocer en las circunstancias pasadas, y trae curación por su misericordia y amor. *(Los facilitadores*

no están a mano para dar consejos; están a mano para ayudar a facilitar lo que Jesús quiere hacer para usted y dentro de usted.) No le están pidiendo que olvide las heridas pasadas, sino que esté libre del dolor de ellas para que pueda aprender de ellas y seguir adelante con su vida.

Sanar al alma es ayudar al cristiano hacerse completo en el alma: <u>Esto no se hace por cambiar el pasado, sino por cambiar la influencia del pasado en nuestras vidas.</u>

Podamos referirnos a estas influencias negativas de nuestro pasado como:
- o Esqueletos en el closet
- o Fantasmas del pasado
- o Pesadilla recurrente
- o La persona que no puede perdonar
- o El momento vergonzoso que siempre está fresco en la mente
- o La "molestia" que le hace perder los estribos
- o El sentido malo o de amenazar que no puede quitar
- o La cinta vieja que sigue tocando en la mente

Sanar internamente <u>se enfoca en las promesas de Dios para usted</u> y restablece, proclama y aclama quien es, y siempre ha sido en Cristo. Sanar internamente dispersa las mentiras del enemigo de la mente, voluntad y emociones. Su verdad le libera.

NIÑO DENTRO DE UNO

<u>La definición de el niño dentro de uno</u>: Rita Bennett, en *The Emotionally Free Course Basic Training,* habla de el niño dentro de uno como lo siguiente:

> "Su niño dentro de uno es la persona que era en su niñez, que es parte de usted hoy. Dentro de ese niño es el niño creativo (Mateo 18:3) y el niño lastimado (1 Cor. 13:11). Su niño dentro está hablando de sus emociones, que están juntas a los recuerdos correspondientes, comenzando de su concepción al sexto año (desarrollo mental). El niño dentro de usted trabaja, en oración, en tratar liberar el adulto en usted de las opiniones del mundo y las opiniones propias que habrá adoptado para sobrevivir como niño. le permite a Jesús tomar al niño dentro de usted por la mano y mostrarle su amor incondicional de maneras específicas durante esos primeros años.

> Rita Bennett explica más acerca de el Niño Creativo y el Niño Lastimado:
> "El Niño Creativo está hecho de todas la actitudes y memorias sanadas y sanas de su vida temprano que le pueden ayudar ser: abierto, cariñoso, rápido a perdonar, onfiado imaginativo, espontaneo, creativo, juguetón, inquisitivo, no afectado, libre, abierto a tratar cosas nuevas y responsivos....

> El Niño Lastimado está hecho de actitudes y recuerdos no sanados y reacciones a esos recuerdos que a veces nos causan a regresar a la conducta negativa de la niñez. Más lastimada la persona, más frecuente sentirá y se comportará cono este Niño Lastimado.

---

2. Rita Bennett, *The Emotionally Free Course Basic Training* (Edmonds, WA: Christian Renewal Association, Inc. 1998),pp.3-14.

El adulto que se comporta a veces como niño: hacer berrinches para controlar, hacer pucheritos, hablar con una voz gemida de niño, llorar para conseguir su voluntad, tirar cosas, ser muy egoísta, pensar que el mundo le gira, evitar la responsabilidad, escaparse de la casa y problemas, ...resistir los cambios, refugiarse en la fantasía."[3]

"Y dijo: De cierto os digo, que si no os volvéis y os hacéis como niños, no entraréis en el reino de los cielos." (Mateo 18:3)

"Cuando yo era niño, hablaba como niño, pensaba como niño, juzgaba como niño; mas cuando ya fui hombre, dejé lo que era de niño." (1 Corintios 13:11)

RAICES DE LOS PROBLEMAS

El concepto de "raíz de los problemas" o "causas primeras" se refiere a los incidentes iniciales cuando la herida ocurrió primero o cuando la mentira destructiva primeramente fue dado crédito.

Marcos 9:21: "Jesús preguntó al padre: ¿Cuánto tiempo hace que le sucede esto? Y él dijo: Desde niño."

SIGA DESDE EL FRUTO A LA RAIZ

Ejemplos de preguntas que podría ayudar a una persona a preguntar por "la raíz del problema" son:
- ¿Ha sentido así antes? ¿Cuándo?
- ¿Cuánto tiempo tiene de creer así?
- ¿Qué fue que le hizo temer como niño?
- ¿Cuándo fue la primera vez que tuvo miedo?
- ¿Cuál fue el primer recuerdo dañoso?
- ¿Quién fue el primero que usted sintió que le amaba?
- ¿Qué siente usted en el cuerpo en este momento?
- ¿Cuál es su primer recuerdo feliz?

---

3 Rita Bennett, *The Emotionally Free Course Basic Training* (Edmonds, WA: Christian Renewal Association, Inc. 2004),pp.3-i.

TIPOS DE ORACIONES DE SANAR AL ALMA

Cuatro tipos de oración para sanar internamente (o sanar al alma):

A) **Oración para sanar un recuerdo**:

   Una experiencia de una oración de sanar internamente en la cual la persona para quien están rezando responde a un recuerdo que está revelado por el Espíritu Santo.

   "Jesucristo es el mismo ayer, y hoy, y por todos los siglos." (Hebreos 13:8)

   "Y he aquí yo estoy con vosotros todos los días, hasta el fin del mundo." (Mateo 28:20b)

B) **Oración de recuerdo feliz**

   Una oración de sanar internamente en la cual el Espíritu Santo trae a la mente un recuerdo feliz en la vida de una persona.

C) **Oración creativa**

   Siguiendo la guía del Espíritu Santo, la persona pueda experimentar un evento o revelación creativa que no es un recuerdo actual o un evento de la vida real. La persona podría estar guiada por el Espíritu Santo a experimentar una parábola o cuento de la biblia.

"Porque mis pensamientos no son vuestros pensamientos, ni vuestros caminos mis caminos, dijo Jehová. Como son más altos los cielos que la tierra, así son mis caminos más altos que vuestros caminos, y mis pensamientos más que vuestros pensamientos." (Isaías 55:8-9)

D) **Dispersar mentiras**

   En esta forma de oración para sanar internamente, el individuo para quien están rezando expresa las creencias que han estado presentes en las circunstancias específicas o generales de la vida que no son verdaderas. El Espíritu Santo dispersará las mentiras y traerá la verdad a cada situación en la vida de la persona.

"Y conoceréis la verdad, y la verdad os hará libres." (Juan 8:32)

RENUNCIANDO CONDUCTA Y COSTUMBRES DEL PASADO

Conducta, creencias o costumbres regulares en que la persona ha estado envuelta que sigue teniendo un efecto negativo en la vida de la persona.

- Renunciado: Actuar voluntariamente en entregar, abandonar o deshacerse de un espíritu que no da gloria a Dios.
- Renunciando: Una declaración pública o proclamación de su intento.
- Renunciar está hecho "en el Nombre de Jesús" y por Su autoridad por la persona recibiendo oración.
- Se pide Perdón del Señor por participar en la conducta o creencia falsa.
- Facilitador de oración reza que el Espíritu Santo llene y more en todos los lugares dentro del individuo que han estado "vaciados" por la oración de renunciar.

Ejemplos de esclavitud (conducta negativa pasada, normas o decisiones erróneas) son:

- **Cultos:** Cualquier creencia que no es una creencia Judea-Cristiana. En cambio, enseña que hay otro camino al cielo no por Jesucristo y no profesa ni confesa a Jesucristo como el Hijo de Dios. (Vea Miqueas 4:5 y 1 Juan 4:1-2)
- **Ocultos:** Concierne la mágica, astrología y otras ciencias declaradas o grupos que practican estas ciencias, declarando hallar, manipular o usar información obtenida del mundo espiritual para sus propios propósitos que muchas veces son malvados. (Vea Deuteronomio 18:9-14; Hechos 19:19)
- **Involucramiento Sexual:** No apropiado, involucramiento ilícito en actividad sexual fuera del matrimonio; actividades sexuales perversas o desviadas; pornografía, conducta sexual no bíblica. (Vea Levítico 18; 1 Corintios 6:18; Romanos 1:26-32)
- **Adicciones:** Dependencia compulsiva de drogas, alcohol, relaciones, juegos de azar u otro conducta que tome precedencia en nuestras vidas, quitándole a Dios de Su lugar propio dentro de nosotros; idolatría. (Vea Romanos 1:25; 7:14-25; 1 Corintios 6:19)

Información específica en estas cuatro áreas de esclavitud se encuentra en la *Lista de Areas de Esclavitud* en el capítulo de oraciones en este cuaderno, seguido por una *Oración de Renunciar*, que será enseñada en la enseñanza A*utoridad y Guerra*.

RESUMEN:
Estamos llamados a ser curadores y reconciliadores con Jesucristo. Comienza con nuestra propia curación primero y luego ¡sigue adelante a otros!

PLATICA EN GRUPO PEQUEÑO
PREGUNTAS y ORACIONES
Sanando Heridas no Sanadas

1) ¿Qué vino a la mente acerca de su propia niñez durante la enseñanza de el Niño Dentro de Uno? ¿Era un Niño Creativo o un Niño Lastimado?

_____
_____
_____

2) ¿Cuales necesidades de niño eran satisfechas? ¿Por quién? ¿Cuáles necesidades parecen no satisfechas para usted?

_____
_____
_____

3) ¿El Espíritu Santo le ha recordado de un recuerdo emparentado pasado o evento cuando luchaba con una situación actual? ¿Qué hizo con ella en aquel tiempo? ¿Le gustaría compartirla ahora?

_____
_____
_____

Experiencia de Oración: Oración de Sanar Internamente

APENDICE Y ESCRITURAS

Poniéndose la Armadura de Dios—Efesios 6:13-18

Señor, con agradecimiento pongo la armadura me has provisto, que yo pueda estar listo para hacer tu voluntad.

Me pongo el **Casco de la Salvación**—me cubre la mente, pensamientos y en que me concentro. Derribando cada imaginación vana que se exalta contra ti, traigo cada pensamiento cautivo al Señor Jesucristo. Porque tu Palabra dice "tengo la mente de Cristo".

Me cubre los ojos, lo que veo y percibo. Tu Palabra dice, "La lámpara del cuerpo es el ojo; así que, si tu ojo es bueno, todo tu cuerpo estará lleno de luz," y mis ojos están solamente en ti, Señor.

Me cubre los oídos, lo que oigo, escucho y entiendo. Tu Palabra dice, "Mis ovejas oyen mi voz y no seguirán a otro.

Me cubre la nariz. Puedo oler la dulce fragancia de tu presencia, Señor, La Rosa de Sharon y El Lirio del Valle. También puedo oler el mal, horrible, sulfuroso olor de Satanás.

Me cubre la boca, lo que digo, declaro y proclamo. Tu Palabra dice, "La vida y la muerte están en la lengua," y escojo la vida.

Me cubre el cuello, que no está rígido y arrogante o rebelde hacia ti, sino cedido y humilde.

Gracias, Señor, por tu Casco de Salvación, la Sangre Preciosa de Jesús. Me cubre cada entrada a mí.

Me pongo la **Coraza de la Justicia**. Me cubre mi suciedad con tu Justicia y me trae en comunión con Dios Padre. Aguanta las emociones en balance con Jesús y cubre mi corazón que es engañoso sobre todo. Te pido que "Examíname, O Dios, y conoce mi corazón, pruébame y conoce mis pensamientos, y ve si hay en mí camino de perversidad y guíame en el camino eterno. Crea en mí un corazón, o Dios, y renueva un espíritu recto dentro de mí. No me eches de delante de ti, y no quites de mí tu santo Espíritu." Quiero tener manos limpios y un corazón puro que pueda venir delante de ti.

Me pongo el **Cinturón de la Verdad** alrededor de mis lomos, mi lugar de parto, mi mente, donde pienso, mi boca, donde hablo, mi corazón, donde están las cuestiones de la vida y mis emociones, donde siento, entonces estoy ceñido con la verdad. Porque si conoces la Verdad, la Verdad le liberará.

Me pongo los **Zapatos del Evangelio de la Paz** que pueda estar listo para hacer tu voluntad; ir a la izquierda, ir a la derecha, derecho o dar vuelta; estar parado quieto, caminar o correr a tu mando. Reconquistaré el territorio que el enemigo ha robado y traer el Evangelio de Paz, Amor y Perdón a todos que pones en mi camino.

Tomo el **Escudo de la Fe** para alejar los dardos ardientes del enemigo. Crece mi fe en ti y perfecciona y cumple esa fe ti a tu honor y gloria.

Tomo la **Espada del Espíritu,** que es la Palabra de Dios. Es más afilada que cualquiera espada de dos filos, revelar primero las motivaciones, intentos y propósitos de mi corazón y luego donde sea que lo mandas; para perforar la oscuridad, cortar el mal o podar para más fruta. Guía mi mano, Señor, con tu mano.

Gracias por la habilidad de **rezar en el Espíritu en todos los tiempos,** elogiar y adorarte, interceder o estar en comunión contigo.

Sobre todo, me pongo el manto de Amor y el manto de la Humildad, que todo pueda estar hecho en tu justicia perfecta. Amén

Notas:

Esquema de Capítulo 3

Puertas Cerradas a Sanar – Parte 1

Conceptos Claves:
- **La Necesidad de la Salvación**
- **Denegación –¿Estoy Dispuesto?**
- **Votos Internos**
- **Maldiciones de Palabra**

Unresolved Painful Memories Build Emotional Walls

I) LA NECESIDAD DE LA SALVACION

DIOS ES AMOR. Amor, por su propia naturaleza, busca expresión.

Dios creó Adán y Eva para recibir Su amor y caminar en compañerismo con El. Dios quería a Adán y Eva lo suficiente para darles la elección para amarlo o no devolverle Su amor.

En el Jardín de Edén ellos tenían que enfrentar esa elección. Su obediencia a Dios era una confirmación de su amor para Dios. Su desobediencia fe una confirmación de su amor a si mismos. El amor implica la confianza. Cuando no confiamos en Dios, no hemos recibido Su amor completamente ni podemos amarlo completamente.

El desafío de Satanás (conocido como Lucifer) a Adán y Eva vino con una sutil atracción a sus **ALMAS** (Génesis 3:1-6):

- A sus **MENTES** (intelecto)
- Sus **VOLUNTADES**
- Sus **EMOCIONES**

SATANAS NO APELO A SUS ESPIRITUS PORQUE SABIA QUE SUS ESPIRITUS PERTENECIAN COMPLETAMENTE A DIOS

¿Por qué Satanás nos tienta? La tentación es la invitación de Satanás de ceder a su tipo de vida y renunciar al tipo de vida de Dios (Génesis 3:1-6). **Debemos darnos cuenta de que la tentación no es pecado.** No hemos pecado hasta que cedemos a la tentación.

LA SALVACION: ¿TIENE UNA RELACION PERSONAL CON JESUCRISTO?

> Juan 3:3-8 Respondió Jesús y le dijo: De cierto de cierto te digo, que el que no naciere de nuevo, no puede ver el reino de Dio. Nicodemo le dijo: ¿Cómo puede un hombre nacer siendo viejo? ¿Puede acaso entrar por segunda vez en el vientre de su madre, y nacer? Respondió Jesús: De cierto, de cierto te digo, que el que no naciere de agua y del Espíritu, no puede entrar en el reino de Dios. Lo que es nacido de la carne, carne es; y lo que es nacido del Espíritu, espíritu es. No te maravilles de que te dijo: Os es necesario nacer de nuevo. El viento sopla de donde quiere, y oyes su sonido; mas ni sabes de dónde viene, ni a dónde va; así es todo aquel que es nacido del espíritu. (Casiodoro de Reina (1569), Revisión 1960)

¿Cómo recibimos o experimenta la salvación?

> Romanos 10:9-10, 13 Que si confesares con tu boca que Jesús es el Señor, y creyeres en tu corazón que Dios le levantó de los muertos, serás salvo. Porque con el corazón se cree para justicia, pero con la boca se confiesa para salvación. Porque todo aquel que invocare el nombre del Señor, será salvo. (Casiodoro de Reina (1569), Revisión 1960)

Jesucristo expió los pecados del mundo en la cruz. Hizo el camino para cada persona tuviera la salvación. Sin embargo, aceptar la salvación es una elección que cada persona tiene que hacer por si mismo.

Arrepentimiento no es una emoción, sino es una acción.

Hay cosas diferentes que nos pueden bloquear en la oración sanadora: falta de perdón de la voluntad; la escena es demasiado difícil; sanar es necesario del Padre; estar enojado con Dios, la herida es demasiado reciente; esclavitud de los cultos y ocultos; necesidad de practicar para ver con Fe; no pensar que Dios puede sanar a uno, pecado generacional; se necesita la liberación.

Perdonar es una elección. Aprendiendo a caminar en nuestra nueva forma de vivir frecuentemente nos requiere corregir unas costumbres de la vida. Un bloque a sanar es cualquier cosa que evita que Dios nos sane o que no llegamos a ser todo lo que Dios intentó cuando nos creó. Debemos permitir que Dios transforme nuestros malos pensamientos, nuestras costumbres de elevar nuestros deseos sobre los Suyos. Por medio de Jesús que nos sana, comenzamos a pensar con la mente de Cristo.

Perdonar no es: condonar, excusar, negar una ofensa; no indica confianza ni integridad; no es igual que la reconciliación.

Un bloque importante: "Tengo que vencer el problema antes de que Cristo pueda amar y aceptarme." Nuestros esfuerzos nunca pueden determinar el amor de Cristo. El odia el pecado pero ama al pecador.

DENEGACION: Denegación—la acción de declarar que algo es falso.

Nosotros permitimos construir las fortalezas, que expresamos de varias maneras:

- Pecado no confesado
- No perdonar—Jesús, otros, usted (le roba su JUBILO)
- Racionalización
- Falta de aceptarse a si mismo

¿Qué es una fortaleza? Una fortaleza es un lugar que ha estado fortificado para protegerse contra el ataque. Es un lugar donde una causa o creencia particular esta fuertemente defendida o confirmada si tiene razón o no.

Fortalezas ocurren porque:
1. Somos humanos y no perfectos. Solo Cristo es perfecto. Heridas y eventos en la vida nos han enseñado como reaccionar a la vida.
2. Vivimos en la denegación.
   - No tengo ningún problema (No los reconozco como problemas)
   - Hacer de menos: "Oh, realmente no es tan mal como parece." Aun no lo aceptas como problema. Jugueteando un poco con el pecado no significa que tengo un problema en esa área. Solo estoy jugando." Satanás le tratará de convencer que pecando un poco es aceptable.
   - Peor todavía, **denegación total**. No aceptar que un problema existe en absoluto.
   - Miedo de fallar, aun miedo de lograr.
   - Cambiar la culpa: "La pegué solo una vez, no quiere decir que tengo un problema con el enojo, no quería ponerle un ojo negro. Si no me hubiera dicho esas, me hubiera ido. Ella quería que me vengara. Adán echó la culpa a Dios: "Fue la mujer que me diste."

II) VOTOS INTERNOS:

Un voto interno es una determinación que está fijada temprano en la vida por la mente y el corazón. Votos que hacemos hoy también nos afecta. Votos internos que hacemos de niños están establecidos dentro de nosotros y usualmente están olvidados. Nuestro ser retiene tal programación no importa lo que cambia nuestros corazones y mentes más tarde. Puede detectar un voto interno que está trabajando dentro de usted porque él resiste el proceso de maturación normal. Los votos internos resisten el cambio y nunca crecemos fuera de ellos. Solo por Jesucristo están expuestos, sanados y rotos.

Votos internos frecuentemente comienzan con, " yo jamás . . ." o "siempre yo. . ."
- Jamás seré como mi papá (o mamá).
- Siempre me cuidaré
- Nunca creceré.
- Siempre seré un fracaso, no importa cuánto trate ¡siempre voy a equivocarme!
- Nunca voy a dejar que alguien se me acerque otra vez.

    A. Rompiendo un voto interno:

    1. Reconociendo: Si no se acuerda en la mente consiente del voto interno, el Espíritu Santo lo revelará si lo pide.
    2. El Perdón: Explore y comience el proceso para perdonar a los que le han lastimado y a si mismo. Pídale perdón a Dios por juzgar y tomar Su trabajo de juez.

3. Confiese y arrepienta: de las acciones que le condujo a hacer el voto.
4. Renunciar el voto: Los votos pueden estar rotos por la autoridad que nos ha dado Jesucristo. Use el poder de atar y desatar (Mateo 16:19, 18:18). También el Espíritu Santo le pueda guiar a hablar con la parte del niño dentro de usted que necesitar estar desatada del voto.
5. Sanar los recuerdos es necesario normalmente cuando se trata de los votos Internos.
6. Dígale al Señor que está listo y desea aceptar los dones que El ha estado esperando entregarle (o la persona con quien rezan).
7. Persevere: Debemos conquistar costumbres practicadas por mucho tiempo.

III) MALDICIONES (EL PODER DE PALABRAS ES VIDA Y MUERTE)

En Mateo 12:33-39 Jesús habla de cómo el buen fruto viene de buenos árboles, y el fruto malo viene de árboles malos. Del corazón fluye lo que hay guardado dentro de nosotros. Lo que decimos revela lo que hay en el corazón. ¿Qué tipo de palabra viene de su boca? No se puede resolver los problemas del corazón solamente limpiando el hablar. Uno debe permitir que el Espíritu Santo le llene con nuevas actitudes y motivos; luego el hablar será limpiado a su fuente. Debemos de dejar de asesinar el alma por palabras negativas que hablamos en contra de nosotros mismos. Debemos tener un trasplante de corazón que se alinea con quien Dios dice que somos. Aún palabras como "eres exactamente como tu padre" pueden ser maldiciones. Maldiciones muchas veces vienen de la boca con buenas intenciones. Pero maldiciones pronuncian juicio contra nosotros u otros.

Principio de siembra y cosecha: Se siembra lo que cosechará.

Honra la posición de madre y padre. "Honra a tu padre y a tu madre, como Jehová tu Dios te ha mandado, para que sean prolongados tus días, y para que te vaya bien sobre la tierra que Jehová tu Dios te da. (Deuteronomio 5:16). Se honra la posición no el comportamiento negativo.

A. El Efecto de las Maldiciones:
1. Maldiciones no tiene fecha de caducidad. Ya pronunciada y aceptada por un alma que no se está rendida, estas maldiciones asumen el poder y la autoridad dentro de la vida de un creyente.
2. Maldiciones llegan a ser el "filtro" por lo cual el individuo procesa la experiencia de la vida. Las maldiciones están aumentadas por las mentiras del enemigo quien luego usa estas mentiras para fortalecer la maldición.
3. Maldiciones pueden incluir cualquier cosa: finanzas, la salud, educando a los niños, relaciones y resultados esperados.

B. Rompiendo el Poder de las Maldiciones:
1. Identifique las maldiciones hechas contra nosotros por otros o nosotros mismos. Aprenda a reconocer cuando un pronóstico está hecho, o por usted o por otro.
2. Tome autoridad sobre la maldición por el poder y autoridad de Jesucristo por el Espíritu Santo que permanece dentro de nosotros.

3. Enlácese a Cristo y a Sus promesas para nuestras vidas. Enlácese a la verdad de Su

    Palabra (rece versículos específicos de Escritura pertinentes al área de la vida afectada por la maldición). Renuncie y desate la maldición de su vida, desatando todos los efectos negativos y las costumbres equivocadas subsecuentes, ideas y creencias que pudieran desarrollarse. Usualmente sanar las memorias asociadas con la maldición es necesario. Por el Espíritu Santo, Jesús le habla Su verdad, rompiendo el curso sobre usted.
4. Por la sangre de Jesús, pídale a Dios a perdonarnos por hacer o aceptar la maldición. Perdonamos a los demás involucrados y nos perdonamos.
5. Pretendemos el poder del Espíritu Santo mientras hacemos un pacto para caminar en la victoria sobre el curso.

PLATICA EN GRUPO PEQUEÑO
PREGUNTAS Y ORACIONES
Puertas Cerradas a Sanar—Parte I

En sus grupos pequeños, por favor usen una o más de estas preguntas o pláticas iniciativas para comenzar el grupo. Acuérdense a usar la mayoría del tiempo del grupo para rezar.

1) ¿Ha entregado su voluntad a Jesucristo como Salvador y Señor de la vida?

_____
_____
_____

2) ¿Participa usted en un sistema de negar? ¿Qué cosas hace para evitar el dolor (adicciones, actividades, etc.)?

_____
_____
_____

3) Identifique palabras negativas que otros han dicho de usted. Identifique palabras que usted ha dicho de si mismo.

_____
_____
_____

4) ¿Se ha dado cuenta de algún voto interno que ha hecho sobre los padres u otra figura de autoridad en la vida de usted? Ve usted evidencia de los efectos negativos de estos votos en su vida presente?

_____
_____
_____

REFERENCIAS BIBLICAS

Deuteronomio 28:1-2—"Acontecerá que si oyeres atentamente la voz de Jehová tu Dios, para guardar y poner por obra todos sus mandamientos que yo te prescribo hoy, también Jehová tu Dios te exaltará sobre todas las naciones de la tierra. Y vendrán sobre ti todas estas bendiciones, y te alcanzarán si oyeres la voz de Jehová tu Dios."

Romanos 2:4—"¿O menosprecias las riquezas de su benignidad, paciencia y longanimidad, ignorando que su benignidad te guía al arrepentimiento?

Efesios 4:15-16—"Sino que siguiendo la verdad en amor, crezcamos en todo en aquel que es la cabeza ,esto es, Cristo, de quien todo el cuerpo, bien concertado y unido entre sí por todas la coyunturas que se ayudan mutuamente, según la actividad propia de cada miembro, recibe su crecimiento para ir edificándose en amor."

Mateo 7:17-18—"Así, todo buen árbol da buenos frutos, pero el árbol malo da frutos malos. No puede el buen árbol dar malos frutos, ni el árbol malo dar frutos buenos."

Gálatas 5:19-21—"Y manifiestas son las obras de la carne, que son: adulterio, fornicación, inmundicia, lascivia, idolatría, hechicerías, enemistades, pleitos ,celos, iras, contiendas, disensiones, herejías, envidias, homicidios, borracheras, orgías, y cosas semejantes a estas; acerca de las cuales os amonesto, como ya os lo he dicho antes, que los que practican tales cosas no heredarán el reino de Dios."

Deuteronomio 5:16—"Honra a tu padre y a tu madre, como Jehová tu Dios te ha mandado, para que sean prolongados tus días, y para que te vaya bien sobre la tierra que Jehová tu Dios te da."

Gálatas 6:7—"No os engañéis; Dios no puede ser burlado: pues todo lo que el hombre sembrare, eso también segará."

Mateo 16:19—"Y a ti te daré las llaves del reino de los cielos; y todo lo que atares en la tierra será atado en los cielos; y todo lo que desatares en la tierra será desatado en los cielos."

Mateo 18:18—"De cierto os digo que todo lo que atéis en la tierra, será atado en el cielo; y todo lo que desatéis en al tierra, será desatado en el cielo."

1 Juan 4:1-2—"Amados, no creáis a todo espíritu, sino probad los espíritus si son de Dios; porque muchos falsos profetas han salido por el mundo. En esto conoced el Espíritu de Dios: Todo espíritu que confiesa que Jesucristo ha venido en carne, es de Dios..."

Deuteronomio 18:10-13—"No sea hallado en ti quien haga pasar a su hijo o a su hija por el fuego, ni quien practique adivinación, ni agorero, ni sortílego, ni hechicero, ni encantador, ni adivino, ni mago, ni quien consulte a los muertos. Porque es abominación para con Jehová cualquiera que hace estas cosas, y por estas abominaciones Jehová tu Dios echa estas naciones de delante de ti. Perfecto serás delante de Jehová tu Dios."

Santiago 1:13-15—"Cuando alguno es tentado, no diga que es tentado de parte de Dios; porque Dios no puede ser tentado por el mal, ni él tienta a nadie; sino que cada uno es tentado, cuando de su propia concupiscencia es atraído y seducido. Entonces la concupiscencia, después que ha concebido, da a luz el pecado; y el pecado, siendo consumado, da a luz la muerte."

SALVACION

"En el principio era el Verbo, y el Verbo era con Dios, y el Verbo era Dios. Este era en el principio con Dios." (Juan 1:1-2)

"En el principio creó Dios los cielos y la tierra. Y la tierra estaba desordenada y vacía, y las tinieblas estaban sobre la faz del abismo, y el Espíritu de Dios se movía sobre la faz de las aguas." (Génesis 1:1-2)

"Entonces dijo Dios: Hagamos al hombre a nuestra imagen, conforme a nuestra semejanza...y creó Dios al hombre a su imagen, a imagen de Dios lo creó; varón y hembra los creó." (Génesis 1:26a-17)

"Y mandó Jehová Dios al hombre, diciendo: De todo árbol del huerto podrás comer, mas del árbol de la ciencia del bien y del mal no comieres, ciertamente morirás." (Génesis 2:16-17)

"Porque de tal manera amó Dios al mundo, que ha dado a su Hijo unigénito, para que todo aquel que en él cree, no se pierda, mas tenga vida eterna." (Juan 3:16)

"Por cuanto todos pecaron, y están destituidos de la gloria de Dios, siendo justificados gratuitamente por su gracia, mediante la redención que es en Cristo Jesús, a quien Dios puso como propiciación por medio de la fe en su sangre." (Romanos 3:23-25a)

"Porque la paga del pecado es muerte, mas la dádiva de Dios es vida eterna en Cristo Jesús Señor nuestro." (Romanos 6:23)

"Porque el amor de Cristo nos constriñe, pensando esto: que si uno murió por todos, luego todos murieron." (2 Corintios 5:14)

"Puestos los ojos en Jesús, el autor y consumador de la fe, el cual por el gozo puesto delante de él sufrió la cruz, menospreciando el oprobio, y se sentó a la diestra del trono de Dios." (Hebreos 12:2)

"Y decía: Abba, Padre, todas las cosas son posibles para ti; aparta de mí esta copa; mas no lo que yo quiero, sino lo que tú." (Marcos 14:36)

"Que en el nombre de Jesucristo de Nazaret, a quien vosotros crucificasteis y a quien Dios resucitó de los muertos, por él este hombre está en vuestra presencia sano....Y en ningún otro hay salvación; porque no hay otro nombre bajo el cielo, dado a los hombres, en que podamos ser salvos." (Hechos 4:10b, 12)

"Yo he venido para que tengan vida, y paraqué la tengan en abundancia." (Juan 10:10b)

"Yo soy el camino, y la verdad, y la vida; nadie viene al Padre, sino por mí." (Juan 14:6)

"Cerca de ti está la palabra, en tu boca y en tu corazón. Esta es la palabra de fe que predicamos: que si confesares con tu boca que Jesús es el Señor, y creyeres en tu corazón que Dios le levantó de los muertos, serás salvo." (Romanos 10:8-9)

"Todo aquel que en él creyere, no será avergonzado." (Romanos 10;11)

"Mas él herido fue por nuestras rebeliones, molido por nuestros pecados; el castigo de nuestra paz fue sobre él, y por su llaga fuimos nosotros curados." (Isaías 53:5)

"De modo que si alguno está en Cristo, nueva criatura es; las cosas viejas pasaron; he aquí todas son hechas nuevas. Y todo esto proviene de Dios, quien nos reconcilió consigo mismo por Cristo, y nos dio el ministerio de la reconciliación; que Dios estaba en Cristo reconciliando consigo al mundo, no tomándoles en cuenta a los hombres sus pecados, y nos encargó a nosotros la palabra de la reconciliación. Así que, somos embajadores en nombre de Cristo, como si Dios rogase por medio de nosotros; os rogamos en nombre de Cristo: Reconciliaos con Dios." (2 Corintios 5:17-20)

"Habéis recibido el espíritu de adopción, por el cual clamamos: ¡Abba. Padre! El Espíritu mismo da testimonio a nuestro espíritu, de que somos hijos de Dios. Y si hijos, también herederos; herederos de Dios y coherederos con Cristo, si es que padecemos juntamente con él, para que juntamente con él seamos glorificados." (Romanos 8:15b-17)

"Nosotros le amamos a él, porque él nos amó primero." (1 Juan 4:19)

"Un mandamiento nuevo os doy: Que os améis unos a otros; como yo os he amado, que también os améis unos a otros. En esto conocerán todos que sois mis discípulos, si tuviereis amor los unos con los otros." (Juan 13:34-35)

"La paz os dejo, mi paz os doy." (Juan 14:27a)

"El que permanece en mí, y yo en él, éste lleva mucho fruto; porque separados de mí nada podéis hacer....En esto es glorificado mi Padre, en que llevéis mucho fruto, y seáis así mis discípulos." (Juan 15:5, 8)

"Pero cuando venga el Consolador, a quien yo os enviaré del Padre, el Espíritu de verdad, el cual procede del Padre, él dará testimonio acerca de mí. Y vosotros daréis testimonio también, porque habéis estado conmigo desde el principio." (Juan 15:26-27)

"Mas el fruto del Espíritu es amor, gozo, paz, paciencia, benignidad, bondad, fe, mansedumbre, templanza;....Si vivimos por el Espíritu, andemos también por el Espíritu." (Gálatas: 5:22-23a, 25)

"De cierto, de cierto os digo: El que en mí cree, las obras que yo hago, él las hará también; y aun mayores hará, porque yo voy al Padre. Y todo lo que pidiereis al Padre en mi nombre, lo haré, para que el Padre sea glorificado en el Hijo." (Juan 14:12-13)

"Porque en él vivimos, y nos movemos, y somos." (Hechos 17:28a)

"Jesús le dijo: Amarás al Señor tu Dios con todo tu corazón, y con toda tu alma, y con toda tu mente. Este es el primero y grande mandamiento. Y el segundo es semejante: Amarás a tu prójimo como a ti mismo. De estos dos mandamientos depende toda la ley y los profetas." (Mateo 22:37-40)

Notas:

Puertas Cerradas a Sanar Parte II

Conceptos Claves:
- **Mentiras vs. Verdad**
- **Fortalezas**
- **Esclavitudes y Fortalezas Generacionales**
- **Enlaces Incorrectos del Alma, Sexuales y Psicológicos**
- **Renovar la Mente**

Introducción

Problema que se presenta: Situación, costumbre y/o emoción(es) fuertes, negativas que uno está experimentando en el momento presente.

Estamos salvados per no perfeccionados todavía. Luchamos dentro del alma, que es la mente, voluntad y emociones. El alma del cristiano debe estar renovada por el Espíritu Santo cuando uno nace de nuevo. (Vea Romanos 12:2 y Efesios 4:22).

La victoria es posible por Cristo sobre emociones intensas negativas que crean dolor. Emociones son el resultado de pensamientos, creencias e interpretaciones de situaciones en nuestras vidas. Cuando los pensamientos, creencias e interpretaciones están basados en mentiras que fueron plantados por experiencias negativas, mensajes y eventos traumáticos previos, los sentimientos también son negativos y la costumbre insalubre.

El Dr. Ed Smith afirma en *Beyond Terrible Recovery* que las heridas del pasado se codifican en el cerebro por medio de recuerdos visuales, emocionales y físicos/sensoriales. Si sus padres le dijeron de niño "estúpido" o "sin valor", tal vez creyó eso porque su razonamiento abstracto no estaba desarrollado bastante para refutar la opinión de una figura de autoridad de usted. Esta mentira es como un chip de computadora profundamente incrustado en la mente y está tocado vez tras vez por otros eventos negativos. Este pensamiento negativo sigue repitiéndose HASTA que viene a entender quien es usted en Cristo.

¿QUE NOS EVITA LLEGAR A UN ENTENDIMIENTO DE QUIENES SOMOS EN CRISTO Y DE CAMINAR EN LA LIBERTAD?

Términos Bíblicos
  I. Mentiras que hemos creído
  II. Fortalezas
  III. Esclavitudes Generacionales
  IV. Enlaces incorrectos del alma, sexuales y psicológicos
  V. Falta de renovar la mente

Términos Psicológicos
  I. Pensamientos irracionales/Mensajes de la niñez
  II. Costumbres de autodestrucción
  III. Disfunciones de la familia de origen
  IV. Codependencia
  V. Necesidad de pensamientos racionales y lógicos

Vamos a concentrarnos en los términos bíblicos porque el Gran Médico es Dios y el Consejero es el Espíritu Santo. Aunque el "problema que se presenta" es usualmente nombrado por la gente como problema del "alma" o problema "psicológico", ¡la solución es espiritual!

MENTIRAS
Estas mentiras causan a la persona a sentirse miedosa, abandonada, avergonzada, contaminada, sin poder, ansiosa, sin esperanza, invalidada y confusa. Las emociones pueden ser activadas en el presente, pero están arraigadas en eventos pasados. Busque el "evento del recuerdo histórico" que siente lo mismo o que coincidan las emociones actuales. En la búsqueda de estas mentiras o origen del núcleo de creencias falsas, es crucial que estamos guiados por el Espíritu Santo quien nos guía a toda verdad.

FORTALEZAS
"Una fortaleza es lo que uno utiliza para fortificar y defender una creencia personal, idea u opinión contra oposición externa." (Una paráfrasis de *Thayer's Greek-English Lexicon*)

Las fortalezas protegen creencias, actitudes y costumbres equivocadas que hemos aprendido a confiar. Al principio tal vez fueron tácticas para sobrevivir, pero si dejadas en su lugar proveerán acceso para los ataques del enemigo y bloquearán curación. Hemos aprendido a confiarlos más que confiamos en "la verdad". Así que, deben ser demolidas para hacer espacio para que la verdad nos libere.

Algunas fortalezas que construimos son como lo siguiente: (Información recopilada del libro de Liberty Savard *Shattering Your Strongholds*).
- **Sospecha:** Ser decepcionado dolorosamente puede causar la construcción de la sospecha para protegerse de ser decepcionado otra vez.
- **Duda:** La fortaleza de duda es usualmente uno de las más obvias. Acompaña frecuentemente una fortaleza de sospecha, que puede ocultarlo tan bien. Su existencia a menudo está totalmente negada.
- **Independencia:** El rechazo puede causar la construcción de una fortaleza de independencia y autosuficiencia alrededor del dolor, fortaleciendo el derecho de nunca ser vulnerable otra vez. Esto puede incluir cualquier vulnerabilidad al trabajo del Espíritu Santo.

- **Seguridad Falsa:** Cuando existen las necesidades no satisfechas, una fortaleza de seguridad falsa pueda ser construida. Esto proyecta un encubrimiento de gran esfuerzo que pretende alejar a otros para evitar que sepan lo frágil que es una persona internamente y necesitada. Esto puede extenderse también a mantener a Dios a distancia.
- **No perdonar:** Cuando alguien ha estado abusado o lastimado profundamente, si no vienen el perdón y la curación, las fortalezas de no perdonar, amargura o enojo están construidas para justificar el papel de ser la víctima.
- **Control y Manipulación:** Una niñez llena de caos, inestabilidad, confusión y todo aparentemente fuera de control puede construir una fortaleza de control para prevenir nunca más estar a merced de otro.
- **Auto-indulgencia:** Esta fortaleza está construida para justificar y proteger el derecho a satisfacerse para compensar las necesidades no satisfechas y dolor del pasado y/o la vida presente. También justifica un derecho a alterar químicamente la realidad con drogas, alcohol o adicciones como juegos de azar, ir de compras o el trabajo para bloquear el dolor.
- **Miedo:** La gente generalmente no construyen esta fortaleza para la protección; sino está construida alrededor de gran aprehensión y ansiedad por recuerdos y experiencias sin resolver.

Una de las fortalezas más fuertes es **NEGACION**. Negación puede rechazar a reconocer cualquier de las cosas enlistadas arriba. (Vea "Pasos a Renunciar Fortalezas", apéndice al final del capítulo 4.)

ESCLAVITUDES GENERALCIONALES

Esclavitudes generacionales son características o costumbres que están pasadas de una generación a otra hasta que haya libertad de una fortaleza por la Palabra de Dios.

Esclavitudes generacionales puedan ser:

A) **Físicas:** cáncer, diabetes, presión alta, etc.
B) **Emocional:** depresión, miedo, ansiedad, enojo, etc.
C) **Actitud:** racismo, prejuicios, auto-imagen negativo, odio a si mismo
D) **Espiritual:** lujuria, perversión sexual, enlace codependencia del alma, espíritu religioso, abuso espiritual, etc.

(Vea Exodo 20:5a-6)

LAZOS EQUIVOCADOS DEL ALMA, SEXUALES Y PSICOLOGICOS

Pecar es comportamiento incorrecto. Pecamos en nuestros pensamientos, con nuestras palabras y en nuestras acciones. Comportamientos equivocados ocurren en cada cristiano por "cuanto todos pecaron y están destituidos de la gloria de Dios" (Romanos 3:23).

Tentaciones de la carne. La decisión de ceder a las tentaciones de nuestra carne y pecar "está en nosotros" (vea Santiago 1:14-16).

Pecar nos separa de Dios—no de Su amor, sino de estar completamente (espíritu, alma y cuerpo) estando en su presencia. Dios y pecado no pueden residir en el mismo lugar. El pecado contradice la pura esencia de Dios.

Un comportamiento equivocado es el pecado sexual. Cualquier acto fuera del matrimonio es pecado. Fornicación, adulterio, homosexualidad, pornografía y sodomía son todos pecados sexuales y son equivocados a la vista de Dios. Crean lazos del alma equivocados. Está enlazado equivocada a esa persona (vea 1 Corintios 6:15-20).

Otro comportamiento equivocado es un lazo psicológico del alma. Tipos de estos enlaces equivocados del alma incluyen:

A) Relaciones codependientes

B) Relaciones posesivas, controladoras

C) Relaciones ocultas

D) Relaciones espirituales adúlteras (con alguien o algo más que cónyuge o Dios)

Necesitamos confesar, arrepentir y romper cualquier lazo equivocado. (Vea "Oración para Romper lazos del Alma equivocados" Capítulo 8.) Sanar internamente de recuerdos es necesario igual que sanar las experiencias sexuales o encuentros fuera del matrimonio imprimidas recientemente.

Impronta: Impresionado o estampado firmemente en la mente; impresionar en la mente a reconocer algo como un lugar de confianza, etc. "Los dos serán uno" está destinado por Dios a ser cumplido en el matrimonio bajo la protección de Dios. Como hombre y mujer la primera intimidad sexual se imprime en sus mentes y corazones para siempre. Ellos solamente pueden satisfacerse. Cuando los encuentros sexuales ocurren fuera del matrimonio este principio está trabajando todavía pero ahora la impronta es con otra persona que su cónyuge. Esta impronta también ocurre con ver material pornográfico.

RENOVANDO LA MENTE
"No os conforméis a este siglo, sino transformaos por medio de la renovación de vuestro entendimiento, para que comprobéis cuál sea la buena voluntad de Dios, agradable y perfecta." (Romanos 12:2)

PLATICA EN GRUPO PEQUEÑO
PREGUNTAS y ORACIONES
Puertas Cerradas a Sanar—Parte II

En sus grupos pequeños, por favor use una o más de las preguntas o pláticas iniciativas para comenzar el grupo. Acuérdense a usar la mayoría del tiempo del grupo para rezar.

1) ¿Con cuales fortalezas se identifica usted?

_____
_____
_____

2) Mirando la imagen de la Pared de Recuerdos Dolorosos y Emociones, ¿con cuales se identifica?

_____
_____
_____

3) ¿Ha experimentado un enlace del alma sexual o psicológico que le sigue afectando negativamente?

_____
_____
_____

4) ¿Cómo podemos renovar la mente de un "yo primero" a un "Dios primero mentalidad?

_____
_____
_____

APENDICE: ORACIONES

(1)   Oración para romper enlaces incorrectos del alma

Señor, confieso que he pecado contra ti y mi cuerpos y/o mi alma. He mal utilizado el cuerpo y/o el alma con_____. Yo arrepiento y siento mucho mi marcha mala. Por favor perdóname, Señor, y con tu ayuda, ya no pecaré.

Ahora tomo la espada del Espíritu y corto cada enlace incorrecto espiritual, físico, mental y emocional entre cada persona con quien he estado involucrado incorrectamente. Sello las puntas con la sangre de Jesús para que nunca puedan ser reunidas. Gracias, Señor, que esta puntas ya no tienen poder sobre mí. Estoy libre en el nombre de Jesús.

(2)   Oración para quitar su naturaleza vieja

(Adaptada del libro *Shattering Your Strongholds* by Liberty Savard)

En el nombre de Jesucristo, yo ato mi cuerpo, alma y espíritu a la voluntad y propósitos de Dios. Me ato a la verdad de Dios.

Señor, me arrepiento de tener actitudes y pensamientos incorrectos. Los renunció y te pido tu perdón. Desato cada costumbre vieja de pensar, actitud, idea, deseo, creencia, hábito y comportamiento que todavía pueda estar trabajando en mí. Derribo, muelo, aplasto y destruyo cada fortaleza que he construido para protegerlas.

Me ato a las actitudes y costumbres de Jesucristo. Me ato a vencer el comportamiento y deseos espirituales que se alinea con el fruto del Espíritu Santo.

Padre, desato cualquiera fortaleza en mi vida protegiendo sentimientos incorrectos que tengo contra cualquiera persona. Perdóname como perdono los que me han causado dolor, pérdida o pena. Desato cualquier deseo para retribución o compensación. En el nombre de Jesús, desato el poder y los efectos de cualquieras palabras dolorosas o duras dichas de mí, a mí o por mí. Desato cualquiera fortaleza conectada con ellas. Desato todas esclavitudes generacionales y sus fortalezas de yo mismo. Gracias, Jesús, que ha prometido lo que ato y desato en la tierra será atado y desatado en el cielo. Amén.

PASOS PARA RENUNCIAR LAS FORTALEZAS

Para renunciar pecados generacionales y otras fortalezas:

1) Identifique la costumbre de la fortaleza, pecado o esclavitud.
2) Renuncie (rendirse, renegar de) la fortaleza en el nombre de Jesús y por Su autoridad declare que ya no tiene poder sobre su vida.
3) Pretenda la sangre de Jesús (el trabajo de la cruz) sobre su situación actual y de vuelta a través de las generaciones y adelante sobre todas las generaciones.
4) Pida el perdón del Señor para su participación en el pecado o enlace específico generacional.
5) Ate su mente, voluntad y emociones a Jesucristo y Sus propósitos para usted, específicamente reclamando la victoria de caminar libre del pecado o enlace específico generacional.
6) Sea responsable ante otro cristiano para "vivir la victoria".

NOTA: HAY UNA DEFENICION POSITIVA DE FORTALEZA EN LA BIBLIA COMO "LA PRESENCIA DE DIOS." (VEA SALMO 9:9-10)

Romanos 12:2—"No os conforméis a este siglo, sino transformaos por medio de la renovación de vuestro entendimiento, para que comprobéis cuál sea la buena voluntad de Dios, agradable y perfecta."

Efesios 4:22—"En cuanto a la pasada manera de vivir, despojaos del viejo hombre, que está viciado conforme a los deseos engañosos."

Exodo 20:5a-6—"Soy Jehová tu Dios, fuerte, celoso, que visito la maldad de los padres sobre los hijos hasta la tercer y cuarta generación de los que me aborrecen, y hago misericordia a millares, a los que me aman y guardan mis mandamientos."

Santiago 1:13-15—"Cuando alguno es tentado, no diga que es tentado de parte de Dios; porque Dios no puede ser tentado por el mal, ni él tienta a nadie; sino cada uno es tentado, cuando de su propia concupiscencia es atraído y seducido. Entonces la concupiscencia, después que ha concebido, da a luz el pecado; y el pecado, siendo consumado, da a luz la muerte."

1 Corintios 6:15-20—"¿No sabéis que vuestros cuerpos son miembros de Cristo? ¿Quitaré, pues, los miembros de Cristo y los haré miembros de una ramera? De ningún modo. ¿O no sabéis que el que se une con una ramera, es un cuerpo con ella? Porque dice: Los dos serán una sola carne. Pero el que se une al Señor, un espíritu es con él. Huid de la fornicación. Cualquier otro pecado que el hombre cometa, está fuera del cuerpo; mas el que fornica, contra su propio cuerpo peca. ¿O ignoráis que vuestro cuerpo es templo del Espíritu Santo, el cual está en vosotros, el cual tenéis de Dios, y que no sois vuestros? Porque habéis sido comprados por precio; glorificad, pues, a Dios en vuestro cuerpo."

Notas:

El Perdón

Conceptos Claves:
- **Componentes del Perdón: Restaurar la Unidad**
- **No Perdonar: Esclavitud, Decepción, Obstáculos, Alto Costo**
- **Principios de Sembrar y Segar**
- **Las Llaves del Reino: Atar y Desatar**
- **El Proceso de Perdonar**
- **Caminando en la Libertad**

I) COMPONENTES DEL PERDON

A) RESTAURAR LA UNIDAD

Perdonar es lo que restablece nuestra relación con Dios y hace que sea posible que caminemos en la unidad uno con el otro.

B) PERDONAR ES UNA ELECCION

Escogemos perdonar. Las Escrituras nos dice muy claro. Dios no nos fuerza a perdonar a otros pero El hace que las estacas de no perdonar sean muy altas.

"Porque si perdonáis a los hombres sus ofensas, os perdonará también a vosotros vuestro Padre celestial; mas si no perdonáis a los hombres sus ofensas, tampoco vuestro Padre os perdonará vuestras ofensas.

No perdonar es esencialmente *una negación a perdonar*. Hemos estado ofendidos de alguna manera.

El amor del Padre por nosotros es incondicional (Lamentaciones 3:22-23) mas Su perdón es incondicional (Mateo 6:14-15).

C) PERDONAR ES NUESTRA LLAMADA

Estamos **llamados a vivir como niños perdonados y perdonando** y eso es radicalmente inclusivo. (Juan 13:34-35; Lucas 6:35)

II) NO PERDONAR:

1) (La Esclavitud)

No perdonar es esencialmente falta de amor.

"No perdonar es como tierra o suciedad en nuestra persona interior." (Joyce Myers, Life in the Word, 11 de junio, 2002, TV)

2) La Decepción

Nosotros creemos que no perdonar a alguien, estamos castigando a esa persona. La verdad es que los heridos somos nosotros por no perdonar.

3) Los Obstáculos

Orgullo, juicio, enojo, etc.

4) El Costo

Seguirá usted estar atado emocionalmente al dolor del pasado hasta que perdone. Lo recordara una y otra vez z tras vez. Está en la esclavitud. No perdonar es como beber veneno esperando que la otra persona muera.

III) EL PRINCIPIO DE SEMBRAR Y SEGAR

Una ley absoluta de Dios es el principio de sembrar y segar.

"No os engañéis; Dios no puede ser burlado: pues todo lo que el hombre sembrare, eso también segará." (Gálatas 6:7)

IV) LAS LLAVES DEL REINO

"Y a ti te daré las llaves del reino de los cielos; y todo lo que atares en la tierra será Atado en los cielos; y todo lo que desatares en la tierra será desatado en los cielos." (Mateo 16:19)

El proceso de perdonar incluye remover todas las fortalezas y fuentes subyacentes que hacen difícil el perdón. Fuentes subyacentes son: heridas no sanadas, necesidades no satisfacidas y problemas no resueltos.

V) EL PROCESO DE PERDONAR: A y por la cruz

¿A quién necesita perdonar?

- Otra persona
- Dios
- Yo mismo

El Proceso

- Sembrar y segar
- Sanar interiormente
- Pasos a perdonar
- Arrepentimiento: una clave al perdón: (Ezequiel 18:30-32)

VI) CAMINANDO EN EL PERDON COMPLETO

1 Corintios 13:4-8a:

"El amor es sufrido, es benigno; el amor no tiene envidia, el amor no es jactancioso, no se envanece; no hace nada indebido, no busca lo suyo, no se irrita, no guarda rencor; no se goza de la injusticia, mas se goza de la verdad. Todo lo sufre, todo lo cree, todo lo espera, todo lo soporta. El amor nunca deja de ser."

EL PERDON EN LA CRUZ

Querido Padre,

Por favor descubre las áreas de no perdonar en mi corazón y ayúdame a desatarlas a ti. Escojo perdonar a los que están acostumbrados a lastimarme porque yo quiero más de ti.

(Dígalo en voz alta los nombres de los que le han ofendido. Véalos como víctimas de la manipulación de Satanás para lastimarle y desátelos por decir que los perdona y desátelos a Jesús. Rece por ellos y bendígalos. Ahora, sea libre.)

Amén.

1) ¿A quién necesito perdonar?

_____

_____

_____

2) ¿Qué me bloquea de estar dispuesto a perdonar a alguien? ¿Aún yo mismo?

_____

_____

_____

ORACIONES PARA EL PERDON Y ARREPENTIMIENTO

Perdonando a Otro

Señor, perdono (o deseo perdonar) _____. Te doy permiso a tomar el juicio y la amargura de mi vida. Ya no quiero esto en mi vida. Te lo entrego y te pido que me lo quites. Pido que me sanes donde he estado herido, me perdones donde he pecado. Elijo no culpar o mantener las acciones de otros contra ellos. Ahora te rindo mi derecho de tener recompensa por mi pérdida por la persona que ha pecado en mi contra y así, declaro mi fe en Dios solamente como mi Juez Justo. Padre Dios, bendícelos en toda forma. En el Nombre de Jesucristo. Amén. (Pueda ser adoptada para perdonarse para los pecados contra uno mismo.)

El Perdón en la Cruz

Padre Dios, me traigo y a _____ al pie de la cruz y te pido ayudarme a perdonarle. Yo rindo todo mi enojo, mi dolor, mi juicio, mi necesidad de culpar, mi deseo de vengarme, mi derecho de tener razón y mi deseo de oír una disculpa. Me entrego a ti y te pido ayudarme a amar a _____ de la manera como tú lo/la quieres, sin ninguna condición en tu amor. Lléname hasta desbordarme con tu gracia y tu misericordia, las cuales me permitan que sea un recipiente de tu amor y perdón para él/ella. Perdóname, Señor, por los resentimientos que he aguantado y por retener tu amor por él/ella. Elijo perdonarme también y caminaré de un modo nuevo con tu ayuda. Todo esto pido en el Nombre de Jesús. Amén. (Pueda ser adaptada para perdonar a uno mismo en la cruz.)

El Perdón de Dios

Querido Padre Dios, he estado enojado contigo. Te he echado la culpa por las cosas difíciles en mi vida que sentía que podías haber prevenido. Me he sentido abandonado por ti. No he podido ver tu mano trabajando en mi vida por mi bien. He perdido mi fe en ti mientras he luchado a entender los "por qué" de mi vida. Perdóname, Señor, por darte la espalda, endureciendo mi corazón a ti. Te necesito, Señor, y quiero amarte como tú me quieres a mí. Ayúdame a conocer tu amor más profundamente en mi vida. Gracias por nunca dejarme ni abandonarme. Gracias por tu amor y tu misericordia. Los recibo ahora. En el Nombre de Jesús. Amén.

Oración de Atar y Desatar

Me ato a la mente de Cristo y a Su obediencia a la voluntad y propósitos de Dios. Me ato al corazón de Jesús que amaba a cada uno de los hijos de Dios, tanto para morir por ellos. Me ato al trabajo cumplido de la cruz y al perdón incondicional que fluye por la sangre de Jesús. Me desato de mi enojo, mi no perdonar, mis juicios, mis actitudes incorrectas, mis costumbres incorrectos de pensar y mis acuerdos incorrectos de la otra persona. Me desato de mi necesidad de tener razón y mi necesidad de culpar. Ato mis pies a la senda de justicia de Dios que pueda caminar por el proceso de perdón verdadero hasta ser libre en el Nombre de Jesús. Amén.

Oración de Arrepentimiento

Padre Dios, me arrepiento por_____. Es mi deseo caminar en tu voluntad y planear mi vida. Cometo mi voluntad de volverme a ti. Te pido tu ayuda para cambiar mis costumbres. Jesús, te necesito como mi Salvador. Humildemente te pido que me bañes en Tu Luz de Cristo que pueda ver tu guía. Renueva mi mente en la tuya, Jesús, que te pueda traer mis pensamientos completos cautivados. Fortalece mi corazón para amarme y perdonar a otros como tú has perdonado. Espíritu Santo, guíame cada día a saber mi deseo para cambiar. Necesito tu poder para llenarme con la esperanza que el cambio es posible. Vengo ante la Cruz de la Salvación y pido protección de la sangre de Jesús. Amén.

Oración de Renunciar

Señor, renuncio _____en el Nombre de Jesús y por su sangre derramada. Con la ayuda del Espíritu Santo, te juro que ya no participaré en este pecado. Por Tu autoridad en mí, me desato de este pecado y lo echo fuera de mi vida, para nunca volver. Desato cualquier espíritu destructivo que está conectado a este pecado y cualquier pensamiento, creencia o costumbre incorrectos en los cuales he participado, echándoles fuera de mi vida para siempre. Te pido tu perdón, Jesús, y te doy las gracias por tu amor eterno por mí. Quiero amarte más y más. Amén.

REFERENCIAS BIBLICAS

ARREPENTIMIENTO Y EL PERDON

"Al que no conoció pecado, por nosotros lo hizo pecado, para que nosotros fuésemos hechos justicia de Dios en él. (2 Corintios 5:21)

"La justicia de Dios por medio de la fe en Jesucristo, para todos los que creen en él. Porque no hay diferencia, por cuanto todos pecaron, y están destituidos de la gloria de Dios, siendo justificados gratuitamente por su gracia, mediante la redención que es en Cristo Jesús, a quien Dios puso como propiciación por medio de la fe en su sangre."
(Romanos 3:22-25a)

"Porque no me avergüenzo del evangelio, porque es poder de Dios para salvación a todo aquel que cree." (Romanos 1:16)

"Porque si perdonáis a los hombres sus ofensas, os perdonará también a vosotros vuestro Padre celestial; mas si no perdonáis a los hombres sus ofensas, tampoco vuestro Padre os perdonará vuestras ofensas." (Mateo 6:14-15)

"Y cuando estéis orando, perdonad, si tenéis algo contra alguno, para que también vuestro Padre que está en los cielos os perdone a vosotros vuestros ofensas."
(Marcos 11:25)

"Y perdónanos nuestras deudas, como también nosotros perdonamos a nuestros deudores."
(Mateo 6:12)

"Entonces su señor, enojado, le entregó a los verdugos, hasta que pagase todo lo que le debía. Así también mi Padre celestial hará con vosotros si no perdonáis de todo corazón cada uno a su hermano sus ofensas." (Mateo 18:34-35)

"No os engañéis; Dios no puede ser burlado: pues todo lo que el hombre sembrare, eso también segará." (Gálatas 6:7)

"¿Quién subirá al monte de Jehová? ¿Y quién estará en su lugar santo? El limpio de manos y puro de corazón." (Salmo 24:3-4a)

"A los cielos y a la tierra llamo por testigos hoy contra vosotros, que os he puesto delante la vida y la muerte, la bendición y la maldición; escoge, pues, la vida, para que vivas tú y tu descendencia; amando a Jehová tu Dios, atendiendo a su voz, y siguiéndole a él; porque él es vida para ti, y prolongación de tus días; a fin de que habites sobre la tierra que juró Jehová a tus padres, Abraham, Isaac y Jacob." (Deuteronomio 30:19-20)

"No devolviendo mal por mal, ni maldición por maldición, sino por el contrario, bendiciendo, sabiendo que fuisteis llamados para que heredaseis bendición."
(1 Pedro 3:9)

"Porque de tal manera amó Dios al mundo, que ha dado a su Hijo unigénito, para que todo aquel que en él cree, no se pierda, mas tenga vida eterna." (Juan 3:16)

"Y a ti te daré las llaves del reino de los cielos; y todo lo que atares en la tierra será atado en los cielos; y todo lo que desatares en la tierra será desatado en los cielos." (Mateo 16:19)

"Los que miraron a él fueron alumbrados, y sus rostros no fueron avergonzados." (Salmo 34:5)

"En descanso y en reposo seréis salvos; en quietud y en confianza será vuestra fortaleza." (Isaías 30:15)

"Haced, pues, frutos dignos de arrepentimiento." (Lucas 3:8a)

"Su benignidad (de Dios) te guía al arrepentimiento." (Romanos 2:4)

"Porque no quieres sacrificio, que no lo daría; no quieres holocausto. Los sacrificios de Dios son el espíritu quebrantado; al corazón contrito y humillado no despreciarás tú, oh Dios." (Salmo 51:16-17)

"El amor es sufrido, es benigno; el amor no tiene envidia, el amor no es jactancioso, no se envanece; no hace nada indebido, no busca lo suyo, no se irrita, no guarda rencor; no se goza de la injusticia, mas se goza de la verdad. Todo lo sufre, todo lo cree, todo lo espera, todo lo soporta. El amor nunca deja de ser." (1 Corintios 13:4-8a)

Notas:

_____

_____

_____

_____

_____

_____

_____

_____

_____

_____

_____

_____

_____

_____

_____

_____

_____

_____

_____

_____

_____

Autoridad y Guerra Espiritual

Conceptos Claves:
- **Guerra Espiritual**
- **¿Tiene Satanás Bases Legales?**
- **Toda Autoridad en Jesucristo**
- **La Autoridad dentro del Creyente**
- **Armas de Guerra**

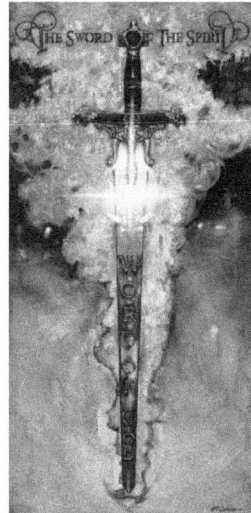

I) GUERRA ESPIRITUAL

"Porque no tenemos lucha contra sangre y carne, sino contra principados, contra potestades, contra los gobernadores de las tinieblas de este siglo, contra huestes espirituales de maldad en la regiones celestes." (Efesios 6:12)

¿Qué es guerra espiritual?
- El acto de unirse con Dios en la batalla contra Satanás y sus fuerzas del mal (demonios) en reinos celestiales.
- "Satanás" en hebreo significa "acusador" y constantemente acusa y acosa a la gente de Dios.
- El propósito de Satanás es nuestra destrucción.

"Vuestro adversario el diablo, como león rugiente, anda alrededor buscando a quien devorar." (1 Pedro 5:8b)

"El ladrón no viene sino para hurtar y matar y destruir." (Juan 10:10)

"El ha sido homicida desde el principio, y no ha permanecido en la verdad, porque no hay verdad en él. Cuando habla mentira, de suyo habla; porque es mentiroso, y padre de mentira." (Juan 8:44b)

El primer movimiento ofensivo: Tome Jesús como nuestro Señor y Salvador.

NOTICIA DE ULTIMA HORA:

**¡LA BATALLA HA SIDO GANADA
POR JESUCRIST!**

"Y despojando a los principados y a las potestades, los exhibió públicamente, triunfando sobre ellos en la cruz." (Colosenses 2:15)

Entonces si la batalla ya ha estado ganada, ¿por qué estamos batallando?

II) ¿TIENE SATANAS BASES LEGALES EN MI VIDA?

BASE LEGAL: ¿Cuándo están los cristianos vulnerables al ataque espiritual de Satanás?
Base legal se refiere a esas áreas en nuestras vidas donde estamos enlazados a la maldad o decepción, sabiendo o sin nuestro saber. Hay lugares dentro de nuestra alma que no han estado sanados. Base legal incluye lo siguiente:

- Amargura y juicios de raíz amarga
- Culto o enredo oculto de uno mismo o antepasados
- Enlaces generacionales y/o maldiciones heredadas
- Votos internos o lemas
- Adulterio espiritual
- Enlaces incorrectos del alma
- Decepción: mentira que creemos; nuestra elección deliberada
- Pecados de la carne
- No perdonar

Amargura y juicios de raíz amarga
Raíces amargas son nuestras repuestas pecaminosas y nuestros juicios acusatorios de gente y nuestro rechazo, renuencia e inhabilidad de perdonar.

Juicios de raíces amargas usualmente tiene algo con nuestros padres o relación importante temprana en nuestras vidas. Aun los juicios ahora están apareciendo en la relación de una persona, especialmente los conyugues juntos, descubrirán que la raíz de estos juicios actuales se encuentran temprano en sus vidas. Siga el fruto a la raíz.

¿Qué es un culto?
Los cultos enseñan otro camino a la salvación aparte de Jesús, (Juan 14:6) y creen que la salvación viene por obedecer las enseñanzas del culto, no por el Mesías, Jesucristo de Nazaret. Los cultos también puedan enseñar que Jesús no vino encarnado. (1 Juan4:1-2)
Características de los cultos:
- Usan coerción psicológica para reclutar, adoctrinar y retener a los miembros.
- Forman una sociedad elitista.
- El fundador es auto nombrado, dogmatico, mesiánico, no responsable y tiene carisma.
- Creen que el fin justifica los medios.
- Su riqueza no beneficia a sus miembros ni a la sociedad.

Ejemplos de Cultos: Cienciología, Iglesia de Unificación, etc.

¿Qué es el Oculto?
Oculto—*"eso que está escondido, secreto: cosas del sobrenatural"*. Oculto se refiere a la práctica de las cosas del mundo de los espíritus o las fuerzas espirituales aparte de Dios Trino y Uno.

III) TODA AUTORIDAD EN JESUCRIST0

Dios has dado una herencia gloriosa para todos los creyentes por Jesucristo. Nuestra herencia (somos co-herederos con Cristo) incluye dominio sobre todos los hechos de la obscuridad (enfermedad, muerte espiritual, etc.). Esta herencia gloriosa es para todos los creyentes.

"Y Jesús se acercó y les habló diciendo: 'Toda potestad me es dada en el cielo y en la tierra.'" (Mateo 28:18)

"Y él es la cabeza del cuerpo que es la iglesia, él que es el principio, el primogénito de entre los muertos, para que en todo tenga la preeminencia; por cuanto agradó al Padre que en él habitase toda plenitud." (Colosenses 1:18-19)

"Cómo Dios ungió con el Espíritu Santo y con poder a Jesús de Nazaret, y cómo éste anduvo haciendo bienes y sanando a todos los oprimidos por el diablo, porque Dios estaba con él." (Hechos 10:38)

"Que con autoridad y poder manda a los espíritus inmundos, y salen." (Lucas4:36b)

IV) LA AUTORIDAD DE CRISTO DENTRO DEL CREYENTE

"He aquí os doy potestad de hollar serpientes y escorpiones, y sobre toda fuerza del enemigo, y nada os dañará." (Lucas 10:19)

Jesucristo por el poder del Espíritu Santo nos ha dado la autoridad a expulsar a los demonios para vencer los poderes del enemigo. ¡La autoridad manda! La autoridad no es de rogar ni pedir. Y aquí nos dice que hagamos este trabajo nosotros mismos por Cristo. Nos dice ¡EXPULSARLOS!

Mateo 8:8—9, 13: "Respondió el centurión y dijo: Señor, no soy digno de que entre bajo mi techo; solamente di la palabra, y mi criado sanará. Porque también soy hombre bajo autoridad, y tengo bajo mis órdenes soldado; y digo a éste: Vé, y va; y al otro: Ven, y viene: y a mi siervo: Haz esto, y lo hace…Entonces Jesús dijo al centurión: 'Vé, y como creíste, te sea hecho.' Y su criado fue sanado en aquella misma hora."

La autoridad de Dios está practicada por la Palabra dicha por nosotros. Somos Sus manos, Su voz y Sus pies en esta tierra. La Palabra de Dios dice que el poder de la vida y de la muerte están en la palabra dicha: Proverbios 18:21, "La muerte y la vida están en poder de la lengua, y el que la ama comerá de sus frutos."

Otras Escrituras: Colosenses 2:9-10; Isaías 54:17; 2 Corintios 10:4—6; Romanos 8:31; 1 Juan 5:4

V) ARMAS DE GUERRA: ARMADURA DE DIOS

"Por lo demás, hermanos míos, fortaleceos en el Señor, y en el poder de su fuerza. Vestíos de **toda la armadura de Dios**, para que podáis estar firmes contra las asechanzas de diablo. Porque no tenemos lucha contra sangre y carne, sino contra principados, contra potestades, contra los gobernadores de la tinieblas de este siglo, contra huestes espirituales de maldad en las regiones celestes. Por tanto, tomad de toda la armadura de Dios, para que podáis resistir en el día malo, y habiendo acabado todo, estar firmes. **Estad**, pues, **firmes, ceñidos vuestros lomos con la verdad**, y vestidos con **la coraza de justicia**, y **calzados los pies con el apresto del evangelio de la paz**. Sobre todo, tomad **el escudo de la fe**, con que podáis apagar todos los dardos de fuego del maligno. Y tomad **el yelmo de la salvación**, y **la espada del Espíritu**, que es la palabra de Dios; **orando** en todo tiempo con toda oración y súplica **en el Espíritu**, y velando en ello con toda perseverancia y súplica por todos los santos." (Efesios 6:10-18)

```
┌─────────────────────────────────────┐
│   ¡ESTAMOS CUBIERTOS DE PIES A CABEZA │
│            CON JESUS!                 │
└─────────────────────────────────────┘
```

¿Cómo entramos a la batalla con toda confianza de la victoria?

- Arrepentirnos de los pecados, renunciar y voltearnos de ellos
- Recibir sanación en nuestras almas de heridas no sanadas, necesidades no satisfechas y problemas no resueltas
- Recibir perdón y limpieza por la Sangre de Jesucristo y perdonar a otros
- Caminar en la verdad y amar en la autoridad de Jesucristo

PROCLAMANDO LA PALABRA DE DIOS

Escrituras de la Victoria

Romanos 8:37—Más que un conquistador por Cristo Jesús.

Efesios 2:8—Salvado por la gracia de la fe.

2 Corintios 10:5—Trayendo cada pensamiento cautivado a Dios.

3 Juan 1:2—Prosperando en la salud en su alma.

Isaías 10:27—El ungió rompe el yugo de la esclavitud.

Mateo 5:14—Por Cristo, una expresión de la luz de Jesús al mundo.

Lucas 10:19—Tiene el poder sobre el poder del enemigo.

Juan 14:12—"Hechos más grandes harás tú," dice Jesús.

I Juan 2:27--El ungió mora en usted.

Jeremías 20:11-12—Los que le persiguen no prosperarán.

Isaías 54:17—Ninguna arma formada contra usted prosperará.

1 Juan 4:4—Jesús dentro de usted es más grande que el enemigo que está en el mundo.

Colosenses 2:15—Satanás fue despojado de su poder.

Apocalipsis 12:11—Es un vencedor por la Sangre del Cordero y por la palabra de su testimonio.

ALABANZA Y ADORACION

"Y habido consejo con el pueblo, puso a algunos que cantasen y alabasen a Jehová, vestidos de ornamentos sagrados, mientras salía la gente armada, y que dijesen: Glorificad a Jehová, porque su misericordia es para siempre. Y **cuando comenzaron a entonar cantos de alabanza**, Jehová puso contra los hijos de Amón, de Moab y del monte de Seir, **las emboscadas de ellos mismos que venían contra Judá, y se mataron los unos a los otros.**" (2 Crónicas 20:21-22)

70

"Exalten a Dios con sus gargantas, y espadas de dos filos en sus manos, para ejecutar venganza entre las naciones, y castigo entre los pueblos; para aprisionar a sus reyes con grillos, y a sus nobles con cadenas de hierro; para ejecutar en ellos el juicio decretado; gloria será esto para todos sus santos. Aleluya. (Salmo 149:6-9)

"Bendito sea Jehová, mi roca, quien adiestra mis manos para la batalla, y mis dedos para la guerra; misericordia mía y mi libertador, escudo mío, en quien he confiado; el que sujeta a mi pueblo debajo de mí. (Salmo 144:1-2)

"Entonces una mujer de la ciudad, que era pecadora,...trajo un frasco de alabastro con perfume; y estando detrás de él a sus pies, llorando, comenzó a regar con lágrimas sus pies, y los enjugaba con sus cabellos; y besaba sus pies, y lo ungía con el perfume….Y a ella Jesús dijo: 'Tus pecados te son perdonados.'" (Lucas 7:37-38, 48)

"Mirad, pues, con diligencia cómo andéis,…antes bien sed llenos del Espíritu, hablando entre vosotros con salmos, con himnos y cánticos espirituales, cantando y alabando al Señor en vuestros corazones; dando siempre gracias por todo al Dios y Padre, en el nombre de nuestro Señor Jesucristo." (Efesios 5:15a, 18b-20)

OBEDENCIA A DIOS

"Guardad, pues, todos los mandamientos que yo os prescribo hoy, para que seáis fortalecidos , y entréis y poseáis la tierra a la cual pasáis para tomarla; y para que os sean prolongados los días sobre la tierra, de la cual juró Jehová a vuestros padres, que había de darla a ellos y a su descendencia, tierra que fluye leche y miel. (Deuteronomio 11:8-9)

Vea: Deuteronomio 12:32; 2 Corintios 10:4-6; 1 Pedro 1:14-16; Juan 14:23; 1 Juan 2:5-6

ORACION DE ATAR Y DESATAR

(Concepto de la Trilogía de Liberty Savard *Shattering your Strongholds, Breaking the Power,* y *Producing the Promise.*)

"Y a ti te daré las llaves del reino de los cielos; y todo lo que atares en la tierra será atado en los cielos; y todo lo que desatares en la tierra será desatado en los cielos." (Mateo 16:19)

Atar: tejer, sujetar, amarrar, tejer juntos, rodear, hacer que se unan y volver a ser uno de nuevo.

Desatar: romper en pedazos, destruir, soltar, derretir, quitarse, destrozar, romper separando en partes, fragmentarse, interrumpir, lacerar, convulsiona con espasmos, y estallar.

Debemos atarnos, la mente, los pensamientos, el corazón, la voluntad y las emociones a Jesucristo y al trabajo cumplido de la Cruz.

Y debemos desatar todos los juicios hirientes, pensamientos impíos, agendas personales, actitudes incorrectas, deseos negativos y creencias falsas y las fortalezas que los protegen.

ORACION DE LIBERACION

Oración de liberación es otra arma que Dios nos ha dado para la guerra espiritual. Liberación se refiere a la forma de oración donde "los espíritus o demonios están nombrados y son desechados de la persona para quien están rezando por la autoridad de Cristo dentro de los que están rezando. El individuo para quien están rezando renuncia estos espíritus de la obscuridad en la oración de la liberación, también por la autoridad de Cristo.

"Y estas señales seguirán a los que creen: En mi nombre echarán fuera demonios;…." (Marcos 16:17a y vea Lucas 4:36b)

Los cristianos serán acosados e invadidos temporalmente por Satanás y sus demonios, pero

esta no es "posesión" por un espíritu maligno. Solamente los que no son cristianos (cualquier persona que no ha aceptado a Jesucristo) pueden estar poseídos. Exorcismo es rezar para los que no son cristianos para estar liberados de los espíritus malignos.

Muchas veces es mejor comenzar con oración para sanar internamente antes de rezar por liberación.

Tipos de oración de liberación:

- Renunciar la influencia del enredo de un culto y la influencia del enredo de lo oculto; compulsivo, actividad inmoral sexual; comportamiento adictivo, espíritus malignos específicos (ej. Miedo, ansiedad, enfermedad, juicio, rabia, perversión, orgullo, tormento, depresión, mintiendo, etc.)
- Rompiendo enlaces incorrectos del alma (sexual, posesivo, alma, etc.), votos internos o maldiciones.

Después de la oración de liberación:

- Asegurar a la persona de la misericordia, perdón y amor de Dios para él/ella.
- Rezar para que la persona esté llena del Espíritu Santo en todos lugares donde sanar y liberación han ocurrido.
- Después de que la persona se ha ido, rece una oración de limpieza sobre el área y el equipo rezando.
- Dele gracias a Dios por Su autoridad y soberanía sobre todas cosas en este mundo.

PLATICA DE GRUPO PEQUEÑO

PREGUNTAS y ORACIONES

Autoridad y Guerra Espiritual

1) ¿Qué parte(s) de esta enseñanza de guerra espiritual fue nueva para usted? ¿Cómo se siente de lo que le han enseñado?

_____
_____
_____

2) ¿Comparta un desafío con que ha luchado para ganar autoridad en su caminata espiritual.

_____
_____
_____

3) ¿Cuáles otras experiencias o religiones ha tratado en su búsqueda para Dios? ¿Ha renunciado alguna que no era cristiana?

_____
_____
_____

4) ¿Ha usado la palabra de Dios para ser fuerte contra el ataque del enemigo?

_____
_____
_____

APENDICE

I. Ponerse la Armadura de Dios—Efesios 6:13-18

Señor, con agradecimiento me pongo la armadura que me has provisto, que pueda estar listo para hacer tu voluntad.

Me pongo el **Yelmo de la Salvación**. Me cubre la mente, pensamientos y en lo que me concentro. Derribando cada imaginación vana que se exalta contra ti, traigo cada pensamiento cautivado al Señor Jesucristo. Porque tu Palabra dice "Tengo la mente de Cristo".

Me cubre los ojos, lo que veo, miro y percibo. Tu Palabra dice, "Si tu ojo es bueno, todo tu cuerpo estará lleno de luz," y mis ojos están fijos en ti, Señor.

Me cubre los oídos, lo que oigo, escucho y entiendo. Tu Palabra dice, "Mis ovejas oyen mi voz y no seguirán a otro."

Me cubre la nariz. Puedo oler la dulce fragancia de tu presencia, Señor, La Rosa de Sharon y El Lirio del Valle. También puedo oler el mal olor sulfuroso de Satanás.

Me cubre la boca, lo que digo, declaro y proclamo. Tu Palabra dice, "La vida y la muerte están en la lengua," y yo escojo la vida.

Me cubre el cuello, que no está rígido y arrogante hacia ti sino flexible y humilde.

Gracias, Señor, por tu Yelmo de la Salvación, la Sangre Preciosa de Jesús. Cubre cada lugar de entrada a mí.

Me pongo la **Coraza de la Justicia**. Me cubre mi suciedad con tu Justicia y me trae en comunión con Dios el Padre. Me mantiene las emociones en balance con Jesús, y cubre mi corazón, que es engañoso sobre todo. Te pido "Examíname, oh Dios, y conoce mi corazón; pruébame y conoce mis pensamientos; y ve si hay perversidad en mi y guíame en el camino eterno. Crea en mí, oh, Dios, un corazón limpio, y renueva un espíritu recto dentro de mí. No me eches de tu presencia y no quites de mí tu santo Espíritu." Quiero tener las manos limpias y un corazón puro que pueda venir ante ti.

Me pongo el **Cinturón de la Verdad** alrededor de mis partes nobles, el lugar de parto; mi mente, donde pienso; mi boca, donde hablo; mi corazón donde están los problemas de la vida; y mis emociones, donde siento, para que esté ceñido a la verdad. Porque si uno sabe la Verdad, la Verdad le liberará.

Me pongo los **Zapatos del Evangelio de la Paz** que pueda estar listo para hacer tu voluntad; ir a la izquierda, a la derecha, derecho, o voltearme: estar parado, caminar o correr a tu mando. Tomaré de nuevo el territorio que el enemigo ha robado y traigo el Evangelio de la Paz, Amor y Perdón a todos los que pones en mi camino.

Tomo el **Escudo de la Fe** para alejar los dardos ardientes del enemigo. Aumenta mi fe en ti y perfecciona y cumple esa fe a tu honor y gloria.

Tomo la **Espada del Espíritu**, que es la Palabra de Dios. Es más afilada que cualquier espada de dos filos, para revelar primero los intentos y propuestas de mi corazón y luego donde sea que lo mandes, perfora la obscuridad, alejar la maldad o podar para más fruta. Guía mi mano, Señor, con tu mano.

Gracias por la habilidad de **rezar en el Espíritu** en todo momento, alabar y adorarte, interceder o estar en comunión contigo.

Sobre todo, me pongo el manto del Amor y el manto de la Humildad, que todo pueda ser hecho en tu justicia perfecta. Amén.

Una Lista para Areas de la Esclavitud
(Esta es su información confidencial.)

Enredo en el Oculto

_ ¿Leer su horóscopo o estado envuelto en astrología?

_ ¿Han leído su palma, hojas de té o le han dicho su fortuna, (aun leído acerca de eso o lo ha intentado a si mismo) o usado cartas de tarot?

_ ¿Ha practicado o estudiado levitación, telepatía, ESP, clarividencia, escritura automática, proyección astral (viaje del alma), uso de la barra de adivinación?

_ ¿Ha sido hipnotizado o ha tratado de inducir hipnosis?

_ ¿Usado tabla de Ouija, bola de cristal, la bola ocho, péndulo u otra herramienta de adivinación?

_ ¿Ha consultado a un medio, ha asistido a una sesión de espiritismo o una reunión de espiritista?

_ ¿Ha sido un canalizador de espíritus (un medio que contacta a los muertos: nigromancia, Espiritismo)?

_ ¿Ha leído literatura oculta o fenómenos psíquicos?

_ ¿Tiene cualquier objeto religioso pagano u oculto o talismán en que confía más bien que Dios?

_ ¿Ha entrado en un pacto de sangre con alguien?

_ ¿Ha lanzado un maleficio, hechizo mágico pedido a otra persona que lo hiciera por ti?

_ ¿Ha estado involucrado en la mágica o las artes negras?

_ ¿Ha visto películas o programas ocultos (ej. *The Lazarus Effect, Poltergeist, The Visit, Rosemary's Baby, Exorcist, Silence of the Lambs,* etc.)?

Participación en el Culto

_ ¿Ha creído en la reencarnación?

_ ¿Ha practicado I-Ching?

_ ¿"Ciencias de la Mente". . . EST, Cienciología, "Control de la Mente", "Ciencias Cristianas de la Mente", etc.?

_ ¿Nuevo Era, yoga, TM, Eckankar, meditación y cantos orientales, religiones orientales (ej. Budismo, Budismo Zen, Hinduismo, Hare Krishna, Confucionismo, Taoísmo, Swedenborgianismo, Rosacrucianismo, Branch Dividians, la familia Manson, Portón del Cielo, Templo de los Pueblos, Cienciología, La Iglesia Unificación, Bhagwan Shree Rajineesh, Doce Tribus, etc.)

_ ¿Ha rechazado o negado a la Trinidad, Jesucristo como Hijo de Dios, Su nacimiento virginal, Su expiación de sangre para los pecados, Su resurrección en el cuerpo, Su segunda venida?

_ ¿Ha pensado o enseñado que toda religión llega a Dios—todos se salvarán?

Enredo Sexual

_ ¿Ha visto películas pornográficas, fotos, en la televisión/video, teatros o en el Internet?

_ ¿Ha leído/visto libros pornográficos o revistas?

_ ¿Ha estado involucrado en fantasía sexual con masturbación u otro acto sexual compulsivo o inmoral?

_ ¿Ha estado involucrado en cualquier comportamiento sexual no bíblico: fornicación, adulterio, actos homosexuales y bisexuales, actos transexuales, travestido, actos sadomasoquista, pedofilia, incesto, sexo en grupo, sodomía, bestialidad, prostitución?

Adicciones

_ ¿Adicto a alcohol, barbitúricos, anfetaminas, cocaína u otras drogas y químicas?

_ ¿Ha tomado LSD, mescalina, cualquier otra droga que expande la mente, o ha fumado marihuana, pegamento.

Jesús vino a liberar a los cautivos. ¡No esté enredado otra vez con el yugo de la esclavitud!

Gálatas 5:1; Deuteronomio 18:10-13; 1 Corintios 6:9-11; Mateo 18:6; Santiago 1:12-16; Exodo 20:3; Romanos 1:24-32; Deuteronomio 27:21

Notas:

Esquema de Capítulo 7

¿Dónde Está el Poder?

Conceptos Claves:
- **La Persona del Espíritu Santo**
- **Dones de la Deidad**
- **Esclavitud y Fortalezas Generacionales**
- **Reciba Poder para hacerse Mis Testigos**
- **Liberando el Espíritu Santo**

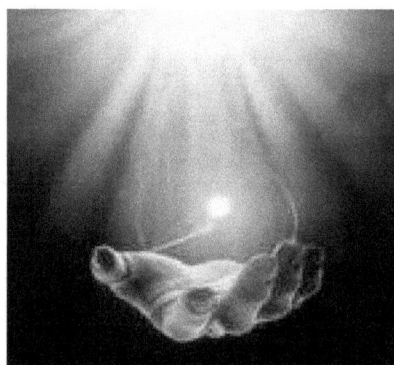

Hechos 1:8—"Pero <u>recibiréis poder, cuando haya venido sobre vosotros el Espíritu Santo</u>, y <u>me seréis testigos</u> en Jerusalén, en toda Judea, en Samaria y hasta lo último de la tierra."

I) <u>**LA PERSONA DEL ESPIRITU SANTO**</u>
   El Espíritu Santo tiene las características de una Persona:

- Mente. Voluntad, Sentimiento
- Actividades
- Relaciones con los Seres Humanos
- Atributos Divinos del Padre Dios
- Nombres

El Espíritu Santo es el poder expresado de la Trinidad.
La libertad cristiana deriva del trabajo del Espíritu Santo.
"Donde está el Espíritu del Señor, allí hay libertad." (2 Corintios 3:17)

II) <u>**DONES DE LA DEIDAD**</u>
   "Bien sed llenos del Espíritu" (Efesios 5:18)
   Cada miembro de la Deidad tiene un papel en dar dones a la humanidad. Vea el apéndice al final de este capítulo.

III) RECIBIENDO PODER

EL PODER VIENE SOBRE TI

Hechos 1:8—"Pero recibiréis poder, cuando haya venido sobre vosotros el Espíritu Santo, y me seréis testigos en Jerusalén, en toda Judea, en Samaria, y hasta lo último de la tierra."

EL PODER LE CUBRE CON SOMBRA

Lucas 1:35—"Respondiendo el ángel, le dijo: El Espíritu Santo vendrá sobre ti, y el poder del Altísimo te cubrirá con su sombra; por lo cual también el Santo Ser que nacerá, será llamado Hijo de Dios."

EL PODER LE INVISTE

Lucas 24:49—"He aquí, **yo enviaré la Promesa de Mi Padre sobre vosotros;** pero **quedaos** en la ciudad de Jerusalén, **hasta que seáis investidos** de poder desde lo alto."

EL PODER NOS UNE

Hechos 2:1-4
1 "Cuando llegó el día de Pentecostés, estaban todos unánimes juntos.
2 Y de repente vino del cielo un estruendo como de un viento recio que soplaba, el cual llenó toda la casa donde estaban sentados.
3 Y se les aparecieron lenguas repartidas, como de fuego, asentándose sobre cada uno de ellos.
4 Y todos fueron llenos del Espíritu Santo, y comenzaron a hablar en otras lenguas, según el Espíritu les daba que hablasen."

CITE: Jim Elliot

"El hace a sus ministros una llama de fuego. ¿Soy inflamable? Dios me libre del asbesto mortal de 'otras cosas'. Satúrame con el olio del Espíritu que pueda estar en llamas. Pero la llama es transitoria, muchas veces de corta vida. ¿Puede aguantar esto, mi alma—corta vida? ...Hazme tu combustible, Llama de Dios."

IV) LA LIBERACION DEL ESPIRITU SANTO DENTRO DE TI

1) Primero debe estar nacido de nuevo. (Romanos 8:9)
2) Tiene que pedir. (Lucas 11:8)
3) Debe entregarse. (Romanos 12:1)
4) Arrepiente y confiese los pecados. ("Arrepentimiento' cuando se usa como nombre es
   m*etanoia*, que significa "un cambio en la mente". (Hechos 3:19)
5) Debe estar dispuesto a obedecer al Espíritu Santo. (Hechos 5:32)
6) Tiene que creer. (Gálatas 3:2)
7) Tiene que practicar lo que Dios le ha dado. (Hechos 2:4)

"Pero recibiréis poder...y me seréis testigos..." (Hechos 1:8)

GRUPO GRANDE o PEQUEÑO
ORACION PARA LA LIBERACION DEL ESPIRITU SANTO
¿Dónde está el poder?

Ven Espíritu Santo, y bautízame con el fuego de tu amor. Me entrego a lo mejor de mi capacidad, y ahora quiero estar lleno con tu Espíritu. Necesito tu poder en mi vida. Ven, por favor, y lléname ahora. Señor, creo que cuando me entrego a ti como mi Señor, somos uno. Tú eres la vid y yo soy las ramas de la vid. Todo lo que eres está dentro de mí. Mi vida fluye de ti. Creo que como cedo y pido, tú liberarás tu poder, sabiduría, sanidad, etc. para satisfacer las necesidades de la hora. Cedo ahora para recibir tus dones de santificación de Isaías 12:2: sabiduría y entendimiento, consejo y poder, conocimiento y miedo del Señor. Necesito estos dones en mi vida, para crecer como cristiano. Cedo y pido que libere tus dones manifiestos de servicio, como listados en 1 Corintios 12: sabiduría, conocimiento, fe, sanidad, milagros, profecía, discernimiento, lenguas e interpretación de lenguas. Necesito que sean testigos a un mundo lastimado. Sólo en tu poder, guiado por tu Espíritu, mi vida puede ser fructífera. Espíritu Santo ven. Espíritu Santo ven. Lo quiero todo, envuelto en el mayor don de todos: amor.

"...el mayor de ellos es amor" (1 Corintios 13:13)

Derríteme, moldéame, lléname, úsame. Dame oportunidades para utilizar tus dones para revelar tu amor y misericordia. Estréchame, Señor. No limitaré tus dones por mi percepciones de lo que puedo hacer. Espíritu Santo, aumenta mi capacidad. Trabaja en mi de una manera poderosa. Quiero cada propósito que Dios tiene para que mi vida sea cumplida y necesito tu, poderoso Espíritu de Dios, para cumplir ese propósito. Ven Espíritu Santo. Ven.

Como fluyes por mí para ministrar a otros, también sé que fluyes dentro de mí para sanar mi vida. Gracias por inundar los lugares profundos de mi vida con tu amor eléctrico. Gracias por lavar y limpiar cualquier herida y cicatrices del pasado que todavía tienen el poder para dominar mis pensamientos y suprimir mi libertad física y emocional. Gracias por traer luz a las sombras y calor a cualquier cuarto frío y obscuro de mi alma. Espíritu Santo compasivo, gracias por venir y sacar las lágrimas no lloradas, el dolor no terminado, la pena de lo perdido, las traumas, el miedo, las heridas emocionales tan dolorosas que estaban "enterradas vivas". Espíritu de Sabiduría, gracias por venir a la causa raíz de cualquier fracaso crónico. Tierno Espíritu Santo, gracias por caminar por mis años tempranos y enfrentar el pasado conmigo. Gracias por recordarme que el amor de Jesús siempre estaba ahí, llenando la brecha entre el amor que necesitaba y el amor que recibía. (Dale gracias al Espíritu Santo por escudriñar su vida y traer a la mente cualquier recuerdo doloroso que necesita ser sanado. Cuando llega a la superficie, diga simplemente, "Espíritu Santo, te entrego ese evento para sanar. Gracias por traer tu bien del dolor (Romanos 8:28). Alabarte, Jesús.) Deje que esto sea una oportunidad para una liberación más profunda del Espíritu Santo como más de su vida emocional se desata.

Gracias, Espíritu Santo, por tu presencia conmigo, fluyendo libremente dentro de mí y por mí. Gracias por ser mi amigo, mi maestro, mi consolador, mi consejero, mi intercesor y el dador de dones extravagantes. Gracias especialmente por _____. (Siga dándole gracias espontáneamente.) Cierre los ojos y cante, "Ven, Espíritu Santo," o "Espíritu de Dios Viviendo," u otra canción que invita a venir el Espíritu Santo. Amén.

Middlebrook (et al), *Spirit-filled Life Study Bible,* (archivo de computadora), ed. Electrónico, Logos Library System, (Nashville: Thomas Nelson, 1991, 1997).

DONES DEL PADRE
Romanos 12:3-8: Dones del Padre (Propósito y Motivación Básicos de Vida)
1. **PROFECIA**
   a. Hablar con sinceridad y visión, especialmente cuando habilitado por el Espíritu de Dios (Joel 2:28)
   b. Demostrar audacia moral y compromiso sin compromiso a valores dignos.
   c. Influenciar a otros en la arena de la influencia de uno con un espíritu positivo de justicia social o espiritual.
   NOTA: Porque todas las tres categorías de dones-del Padre, del Espíritu Santo, del Hijo-tienen alguna expresión de "profecía", es útil diferenciar. En esta categoría (Rom. 12) el enfoque es *general*, caracterizada por ese nivel del don profético que pertenecía a *cada* creyente—"toda carne". El "don de profecía" del Espíritu Santo (1 Corintios 12) se refiere al impulso sobrenatural, tanto que lenguas con interpretación se equipara con su funcionamiento (1 Corintios 14:5). El oficio—el don del profeta, que Cristo le da a Su iglesia por ministerios individuales, es aún otra expresión de la profecía: los que tienen este don deben cumplir *tanto* del Antiguo Testamento los requisitos de la exactitud de un profeta en su mensaje, *como* las normas de la vida y el carácter requerido del liderazgo espiritual del Nuevo Testamento.
2. **MINISTERIO**
   a. Ministrar y entregar servicio amoroso y general para satisfacer las necesidades de otros.
   b. Descrito en el trabajo y el oficio del diácono (Mateo 20:26).
3. **ENSEÑANZA**
   a. La habilidad sobrenatural para explicar y aplicar las verdades recibidas de Dios para la iglesia.
   b. Presupone estudiar y la iluminación del Espíritu, que provee la habilidad para aclarar la verdad divina a la gente de Dios.
   c. Está considerada distinta al trabajo de la profeta quien habla como portavoz directa de Dios.
4. **EXHORTACION**
   a. Significa literalmente "llamar aparte con el propósito de hacer una súplica".
   b. En un sentido expandido significa "rogar, confortar, o instruir" (Hechos 4:36; Hebreos 10:25).
5. **EL DAR**
   a. El significado esencial es dar de un espíritu de generosidad.
   b. En un sentido técnico, se refiere a los con recursos ayudando a otros sin tales recursos (2 Corintios 8:2; 9:11-13).
   c. Este don debe ser manifestado liberalmente sin mostrar ni orgullo (2 Corintios 1:12; 8:2; 9:11,13).

6. LIDERAZGO

    a. Se refiere a ello "parado en frente".

    b. Implica el manifiesto del Espíritu Santo en modelar, dirigir y desarrollar el cuerpo de Cristo.

    c. Liderazgo está manifestado con diligencia.

7. MISERICORDIA

    a. Sentir simpatía con la miseria de otro.

    b. Relacionarse con otros en empatía, respeto y honestidad.

    c. Ser efectivo, este don debe ser manifestado con amabilidad y alegría—no como un deber.

DONES DEL ESPIRITU SANTO

1 Corintios 12:8-10, 28: Los Dones del Espíritu Santo

1. PALABRA DE SABIDURIA

    a. Perspectiva sobrenatural para comprobar la manera divina para cumplir la voluntad de Dios en situaciones especificas.

    b. Poder dado divinamente para apropiarse intuición espiritual para resolver problemas.

    c. Sentido de dirección divina.

    d. Estar conducido por el Espíritu Santo para actuar apropiadamente en una cierta circunstancia.

    e. Conocimiento aplicado correctamente: la sabiduría interactúa con conocimiento y discernimiento.

2. PALABRA DE CONOCIMIENTO

    a. Revelación sobrenatural de la voluntad divina y plan.

    b. Intuición sobrenatural o entendimiento de circunstancias o cuerpo de hechos por revelación: o sea, sin la ayuda de ningún recurso humano, solamente con la ayuda de Dios.

    c. Implica un entendimiento más profundo y avanzado de los hechos comunicados de Dios.

    d. Implica sabiduría moral para vida y relaciones correctas.

    e. Requiere entendimiento objetivo sobre cosas divinas en deberes humanos.

    f. Puede referirse al conocimiento de Dios o las cosas que pertenecen a Dios, como se relata en el evangelio.

3. LA FE

    a. Habilidad sobrenatural de creer a Dios sin duda.

    b. Habilidad sobrenatural de combatir incredulidad.

    c. Habilidad sobrenatural de enfrentar circunstancias adversas con confianza en los mensajes y palabras de Dios.

    d. Convicción interior impulsada por una urgente llamada más alta.

4. DONES DE SANAR

    a. Se refiere a sanar sobrenaturalmente sin ayuda humana.

    b. Puede incluir aplicación de instrumentación humana y medios médicos de tratamiento con ayuda divina.

5. TRABAJO DE MILAGROS

a. Poder sobrenatural para intervenir y contrarrestar fuerzas terrenales y malas.

b. Significa literalmente una muestra de poder dando la habilidad de ir más allá de lo natural.

c. Opera de cerca con los dones de fe y sanar para traer autoridad sobre el pecado, Satanás, enfermedad y los esfuerzos atados de esta época.

6. PROFECIA

a. Enunciado inspirado divinamente y ungido.

b. Proclamación sobrenatural en una lengua conocida.

c. Manifestación del Espíritu de Dios—no del intelecto (1 Corintios12:7).

d. Puede ser poseído y operado por todos que están llenos del Espíritu Santo (1 Corintios 14:31).

e. Intelecto, fe y voluntad operan en este don, pero su manifestación no está basada intelectualmente. Es llamar las palabras del Espíritu de Dios.

7. DISCERNIMIENTO DE LOS ESPIRITUS

a. Poder sobrenatural para detectar el reino de los espíritus y sus actividades.

b. Implica el poder de intuición espiritual—revelación sobrenatural de los planes y propósitos del enemigo y sus fuerzas.

8. DIFERENTES TIPOS DE LENGUAS (vea el apéndice)

a. Enunciado sobrenatural en diversas lenguas no conocidas al hablante: estas lenguas pueden existir en el mundo, revividas de alguna cultura pasada o "desconocidas" en el sentido de que ellas son una manera de comunicación inspirada por el Espíritu Santo (Isaías 28:11; Marcos 16:17; Hechos 2:4; 10:44-48; 19:1-7; 1 Corintios 12:10, 28-31; 13:1-3; 14:2, 4-22, 26-32).

b. Sirve como evidencia y signo de la mora y trabajo del Espíritu Santo.

9. INTERPRETACION DE LENGUAS

a. Poder sobrenatural para revelar la interpretación de diversas lenguas.

b. Funciona no como una operación de la mente del hombre sino la mente del Espíritu.

c. No sirve como traducción (el interprete nunca entiende la lengua que interpreta), sino una declaración del significado.

d. Se manifiesta como un fenómeno milagroso y sobrenatural como son el don de hablar en diversas lenguas y el don de la profecía.

DONES DEL HIJO
Efesios 4:11 (También 1 Corintios12:28): Dones del Hijo (Facilita y Equipa el Cuerpo de la Iglesia)

1. APOSTOLES

a. En los días apostólicos se refería a un grupo selecto escogido a llevar a cabo el ministerio de Cristo; incluía la tarea asignada dada a unos cuantos para cumplir el canon sagrado de las Escrituras Sagradas.

b. Implica el ejercicio de un papel representativo distinto del liderazgo más amplio dado por Cristo.

c. Funciona como mensajero o portavoz de Dios.

d. En los tiempos contemporáneos se refiere a los que tienen el espíritu de apostolado extendiendo notablemente el trabajo de la iglesia, abriendo campos al evangelio y supervisando secciones más grandes del cuerpo de Jesucristo.

2. PROFETA

a. Un portavoz/proclamador maduro con un mensaje especial, enfocado divinamente a la iglesia o al mundo.

b. Una persona únicamente dotada a veces con una percepción de eventos futuros.

3. EVANGELISTA

a. Se refiere primeramente a un don especial de predicar o testificar de una manera que trae a los incrédulos a la experiencia de la salvación.

b. El don de evangelista funciona para el establecimiento de hechos nuevos, mientras los pastores y maestros siguen para organizar y sostener.

c. Esencialmente, el don del evangelista funciona para establecer los conversos y juntarlos espiritualmente y literalmente en el cuerpo de Cristo.

4. PASTOR/MAESTRO

a. La palabra "pastor" viene del significado de la raíz "proteger", de donde viene la palabra "shepherd" en inglés.

b. Implica la función del pastor/líder de nutrir, enseñar y cuidar las necesidades espirituales del cuerpo.

5. MISSIONARIO

a. Implica desplegar un plan para hacer el evangelio conocido a todo el mundo (Romanos 1:16).

b. Ilustra una actitud de humildad necesaria para recibir una llamada a áreas remotas y situaciones desconocidas (Isaías 6:1-13).

c. implica una compulsión interna para guiar a todo el mundo a un entendimiento de Jesucristo (2 Corintios 5:14-20).

Gracias Especiales

1. HOSPITALIDAD

a. Literalmente significa amar, hacer o hacer con placer.

b. Ilustra la noción de Pedro de una de las dos categorías de dones: 1) enseñanza, 2) servicio práctico (1 Pedro 4:10, 11).

c. Fue utilizada en cuidar a los creyentes y trabajadores que visitaban para adorar, trabajar y estar envueltos en el cuerpo de Cristo.

d. Ilustrada en la enseñanza de Jesús sobre el juicio (Mateo 25:35, 40).

2. CELIBATO (Mateo 1:10; 1 Corintios 7:7-9, 27; 1 Timoteo 4:3; Apocalipsis 14:4)

a. La biblia considera el matrimonio honorable y ordenado de Dios.

b. Implica un don especial de celibato, que libera al individuo de los deberes, presiones y preocupaciones de la vida de la familia, permitiendo atención no dividida al trabajo del Señor.

3. MARTIRIO (1 Pedro 4:12, 13)

a. Ilustrado en el espíritu de Esteban (Hechos 7:59, 60).

b. Cumplido en la actitud de Pablo (2 Timoteo 4:6-8).

EXPLICACION DEL DON DE LENGUAS: ("Holy Spirit and Gifts" by Paul Wilbur; *Spirit-Filled Life Bible*, Nashville: Thomas Nelson, 1991)

La doble función de "diversas lenguas" es para edificación personal y para exhortación pública.

"Diversas lenguas" funciona como un signo de la presencia del Espíritu Santo. Jesús lo profetizó como signo (Marcos 16:17), Pablo se lo refirió como signo (1 Corintios14:22) y Pedro notó su uniformidad como un signo-don en confirmar la validez de la experiencia en el Espíritu Santo de los Gentiles. (Compare Hechos 10:44-46 con 11:16, 17 y 15:7-9). Así, hablar en diversas lenguas es un signo correctamente esperado, afirmando la presencia permanente del Espíritu Santo y asegurando al creyente de un testigo vivo vigorizado. Es una *indicación de* esa plenitud del Espíritu.

Lenguas para Edificación Personal

Primero, "hablando en diversas lenguas" es una cosa privada para auto-edificación (1 Corintios 14:2-4). Así, hablar en diversas lenguas está practicado con devoción por el creyente en sus momentos intercesores de comunicación más íntimos con Dios como está conmovido por el Espíritu Santo. Esta aplicación "piadosa" puede **estar practicada en concordia corporal, en reuniones donde no hay presentes ni incrédulos ni gente no informada (1 Corintios 14:23).** En consonancia con este entendimiento , las razones siguientes están propuestas para hablar en diversas lenguas:

1. Hablar con diversas lenguas como el Espíritu Santo da declaración es **el don espiritual, único Identificado con la iglesia de Jesucristo.** Todos los otros dones, milagros y manifestaciones espirituales eran en evidencia durante los tiempos del Antiguo Testamento, antes del Día de Pentecostés. Este nuevo fenómeno entró en evidencia y vino a ser únicamente identificado con la iglesia y fue ordenado por Dios para la iglesia (1 Corintios 12:38; 14:21).
2. Hablar en diversas lenguas es un cumplimiento específico de las profecías de Isaías y Jesús. Compare Isaías 28:11 con 1 Corintios 14:21 y Marcos 16:17 con Hechos 2:4; 10:46; 19:6 y 1 Corintios 14;5,14-18, 39.
3. Hablar en diversas lenguas es una prueba de la resurrección y glorificación de Jesucristo (Juan 16:7; Hechos 2:26).
4. Hablar en diversas lenguas es evidencia del bautizo o el llenar del Espíritu Santo (Hechos 2:4; 10:45, 46; 19:6).
5. Hablar en diversas lenguas es un don espiritual para auto-edificación (1 Corintios 14:4; Judas 20).
6. Hablar en diversas lenguas es un don espiritual para edificación espiritual de la iglesia cuando acompañado con interpretación (1 Corintios14:5).
7. Hablar en diversas lenguas es un don espiritual para comunicación con Dios en culto privado (1 Corintios 14:5).
8. Hablar en diversas lenguas es una manera por la cual el Espíritu Santo intercede por nosotros en oración (Romanos 8:26; 1 Corintios 14:14; Efesios 6:18).
9. Hablar en diversas lenguas es una manera de alegrarse (1 Corintios 14:15; Efesios 5:18, 19).
10. La aplicación de Pablo de la profecía de Isaías parece indicar que hablar con diversas lenguas está destinado a ser una manera de "descansar" o "refrescarse" también. (Isaías 28:12; 1 Corintios 14:21).
11. Cuando la Palabra de Dios está predicada, diversas lenguas siguen como una confirmación (Marcos 16:17, 20; 1 Corintios 14:22).

Diversas Lenguas para Exhortación Pública

La segunda función de "diversas lenguas"—exhortación pública—1 Corintios 14 base los dones del

Espíritu en la fundación segura del amor (1 Corintios 14:1). "Diversas lenguas" públicas también demandan integridad en la práctica como la clave para la preservación de la orden en nuestro compañerismo y los servicios de culto. Concediendo que han sido los que han abusado el don como una ocasión de orgullo carnal, debemos reconocer que puede ser una parte vital y valiosa del culto cuando se coloca en un lugar apropiado para la edificación del cuerpo (1 Corintios 14:12, 13).

Sin embargo, el creyente sincero lleno del Espíritu no será preocupado con este solo don, porque lo ve solo como <u>uno de los muchos dones para "la integridad" de la iglesia</u>: entonces, no adora ni se reúne con otros solamente para hablar diversas lenguas solamente por el mero hecho de la práctica misma.

Tal motivación sería inmadura, vana e idólatra. Más bien creyentes sinceros se reúnen para adorar a Dios y ser completamente equipados para cada trabajo bueno por la enseñanza de Su Palabra (2 Timoteo 3:16, 17). Consecuentemente, el creyente sensitivo a las escrituras reconoce la siguiente dirección del Nuevo Testamento según los dones espirituales:

1. Hablar en "diversas lenguas" solamente edifica el culto público cuando está interpretado; así, el adorador debe rezar por la interpretación y si se retiene, se queda callado, a menos que se sabe que alguien que funciona con el don de interpretación está presente (1 Corintios 14:5, 28).

2. El Espíritu trabaja solamente para edificar; así, cuando El está verdaderamente presente todo está en orden y vacio de vergüenza o inquietud (1 Corintios 14:26, 40).

3. Los "espíritus de las profetas están sujetos a las profetas" (1 Corintios 14:32). O sea, cada persona verdaderamente llena del Espíritu puede ejercer auto control; así, la confusión puede y debe estar evitada para que la decencia con unidad pueda prevalecer. (1 Corintios 14:40).

4. La base de todos los dones es amor. Amor, no la experiencia de un don, es el factor de calificación para los que ejercerían los dones espirituales. Así, en la administración de la autoridad espiritual en la congregación local, la Palabra demanda que nosotros "juzguemos" (1 Corintios 14:29) para confirmar que los que ejercen los dones actualmente "persiguen amor y desean los dones espirituales" (1 Corintios 13:1-13; 14:1).

5. El Autor y Dador de los dones es el Espíritu Santo, quien los divide como El quiera; así, ningún don viene a ser la posesión exclusiva de ningún creyente para su edificación personal y orgullo. Más bien, los dones están puestos en la iglesia para ser ejercidos por el cuerpo para la edificación mutua de los creyentes (1 Corintios 12:1-11) y como un medio para aumentar el ministerio.

6. El ejercicio de diversas lenguas es estar limitado a secuencias de dos o tres máximo (1 Corintios 14:27). Mientras muchos creen que es un número rígido, otros lo entienden como una guía para mantener el servicio de culto en balance. Actualmente, el Espíritu Santo raramente mueve más allá esos límites; sin embargo, en ocasiones, para unas razones especiales para satisfacer necesidades especiales, puede estar más que una secuencia de dos o tres espaciados apropiadamente en dado servicio, el directriz predominio es, "Todo debe hacerse de una manera apropiada y con orden (1 Corintios 14:40).

Notas:

Capítulo 8

Oraciones para Sanar

Oración de Actitudes

Actitud: "Una manera establecida de pensar o sentir de alguien o algo, típicamente uno que está reflexionado en el comportamiento de una persona."

- la manera en que uno piensa o siente de alguien o algo
- un sentimiento o manera de pensar que afecta el comportamiento de una persona
- una manera de pensar y comportarse que otros consideran antipático, rudo, etc.

Sinónimos:
- vista, punto de vista, perspectiva, postura, posición, inclinación, temperamento, orientación, enfoque, reacción

Actitudes positivas alineadas con Cristo: Gálatas 5:22-26—amor, alegría, paz, paciencia, amabilidad, bondad, fidelidad, humildad y dominio propio.

Actitudes negativas no alineadas con Cristo: odio, tristeza impía, belicoso, impaciente, frialdad o indiferencia, maldad, desleal o falso, dureza, temeridad.

Oración:

"Señor Jesús, confieso mis comportamientos y costumbres incorrectos_____

Confieso mi actitud incorrecta de_____.

Enséñame la raíz de esta actitud incorrecta. Enséñame la trauma/evento que me condujo a comportamientos incorrectos. (Pausa: Tiempo de sanar de recuerdos).

Enséñame las necesidades no realizadas, heridas no sanadas y problemas no resueltos de mi vida. Llévame a las raíces. Enséñamela verdad. Sáname, Señor, a lo más profundo. (Puede que tenga que manejar aquí votos internos y/o maldición de palabra.)

(Después de sanar estas áreas y el perdón, desate estos comportamientos y costumbres incorrectas y sus fortalezas en el Nombre de Jesucristo.)

Me ato a desear las actitudes y comportamientos de Cristo. Ato todas mi reacciones y respuestas a tu voluntad, Dios. Me ato a tu voluntad, Dios, para mi vida incluyendo tu camino y tu tiempo para mí.

Gracias, Dios, por liberarme de pensar, comportamientos y fortalezas destructivos y atándome a ti, tu voluntad, tu camino.

Amén.

Recibiendo Sanación –Revisado (2011)

Liberty Savard, *Breaking the Power,* p. 118

Oración para si Mismo:

"Señor, ato mi cuerpo, alma y espíritu a tu voluntad y propósitos para mi vida. Sé que mi espíritu nacido de nuevo está conectado a tu Espíritu poderoso. Sé que mi alma no sometida todavía resiste tu voluntad y propósitos para mi vida en ciertas áreas. Estoy usando las Llaves del Reino para traerla a alinearse con los propósitos por que la creaste. Gracias por las Llaves del Reino para utilizarlas contra mi alma rebelde no sometida y contra las acciones del enemigo.

"Tengo necesidades insalubres en mi cuerpo físico, el templo que has formado en que moro—el mismo templo donde has elegido morar con tu Espíritu Santo. Señor, sé que no puedo seguir mis deseos y elecciones incorrectas y luego esperar que tu sanes las consecuencias de cada desobediencia continua. Desato la decepción y negación de mi alma no sometida mientras busco tu verdad. Quiero estar en buena salud para perseguirte y el trabajo del Reino que ha ordenado que haga.

"Ato mi mente, voluntad y emociones a tu verdad. Desato toda resistencia que tiene mi alma no sometida a cualquier área de tu Palabra. Espíritu Santo, te pido ser la guarda sobre el muro si tropiezo o me aparto de caminar en la voluntad del Padre. Suena una advertencia de cualquier manera que sea necesaria para revelarme rápidamente mi error.

"Desato cualquier capa que mi alma no sometida ha formado para proteger su sistema de creer. Deja que me llene tu misericordia y gracia, Padre. No busco solamente liberación de los síntomas de mi enfermedad física, Señor—quiero saber la fuente de esta debilidad dentro de mí. Muéstrame si mis síntomas son resultado de indulgencia del alma, aceptar y acuerdo con error, un ataque espiritual o invasión a mi cuerpo por un organismo infeccioso.

"Si estos síntomas han sido causadas por un ataque espiritual, Padre, desato los obstáculos y dispositivos del enemigo de mi vida. Si estos síntomas han sido causados por desobediencia en mi alma no sometida, desato de mí toda fortaleza de pensar, negación y decepción. Desato maldiciones de palabra, pensamiento generacional atado y enseñanzas incorrectas de mí.

"Si esta enfermedad ha sido causada por un organismo infeccioso, muéstrame la debilidad en mi sistema inmune que lo ha dejado encontrar entrada a mi cuerpo. Muéstrame si estoy comiendo incorrectamente. Muéstrame si estoy dependiente de medicamentos y respuestas humanas que no son tu voluntad para mí. Muéstrame la fuente de la entrada que encontraron en mí.

"Ato cada célula de mi cuerpo a tu voluntad y tus planes y propuestas. Desato la vida de cualquier bacteria, virus, infección o célula mutada en mi cuerpo y la mando a morir. Desato, aplasto y destruyo su habilidad reproductiva. Desato creencias incorrectas, no perdonar y enojo de mi alma no sometida que hubiera estado contribuyendo a cualquier debilidad en el sistema inmune de mi cuerpo. Te pido que reveles cualquier otra fuente de vulnerabilidad física en mí. Gracias por tu cuidado y por las Llaves. En el Nombre de Jesús. Amén."

Oración para Otros

(Primero rece esto para sí mismo)
(Adaptada de Liberty Savard, *Breaking the Power*, p. 108)

Oración para Otros:

"En el Nombre de Jesucristo, ato la voluntad de_____ a la voluntad de Dios. Ato la mente de_____ a la mente de Cristo y sus emociones al balance y confort saludables del Espíritu Santo.

"En el Nombre de Jesucristo, desato los efectos e influencias de acuerdos incorrectos de los cuales _____ ha sido una parte. Desato creencias y mentalidades incorrectas del alma no sometida de _____ a las cuales se ha aferrado. Desato decepción y confusión de los mecanismos para hacer frente y comportamientos incorrectos y desato (destruyo) las acciones del enemigo de él/ella. (1 Juan 3:8)

"Gracias que tu me has dado las Llaves y la autoridad para hacerlo. Gracias, Señor, por la verdad. Amén."

Mateo 16:19: *"Y a ti te daré las llaves del reino de los cielos; y todo lo que atares en la tierra será atado en los cielos; y todo lo que desatares en la tierra será desatado en los cielos."*

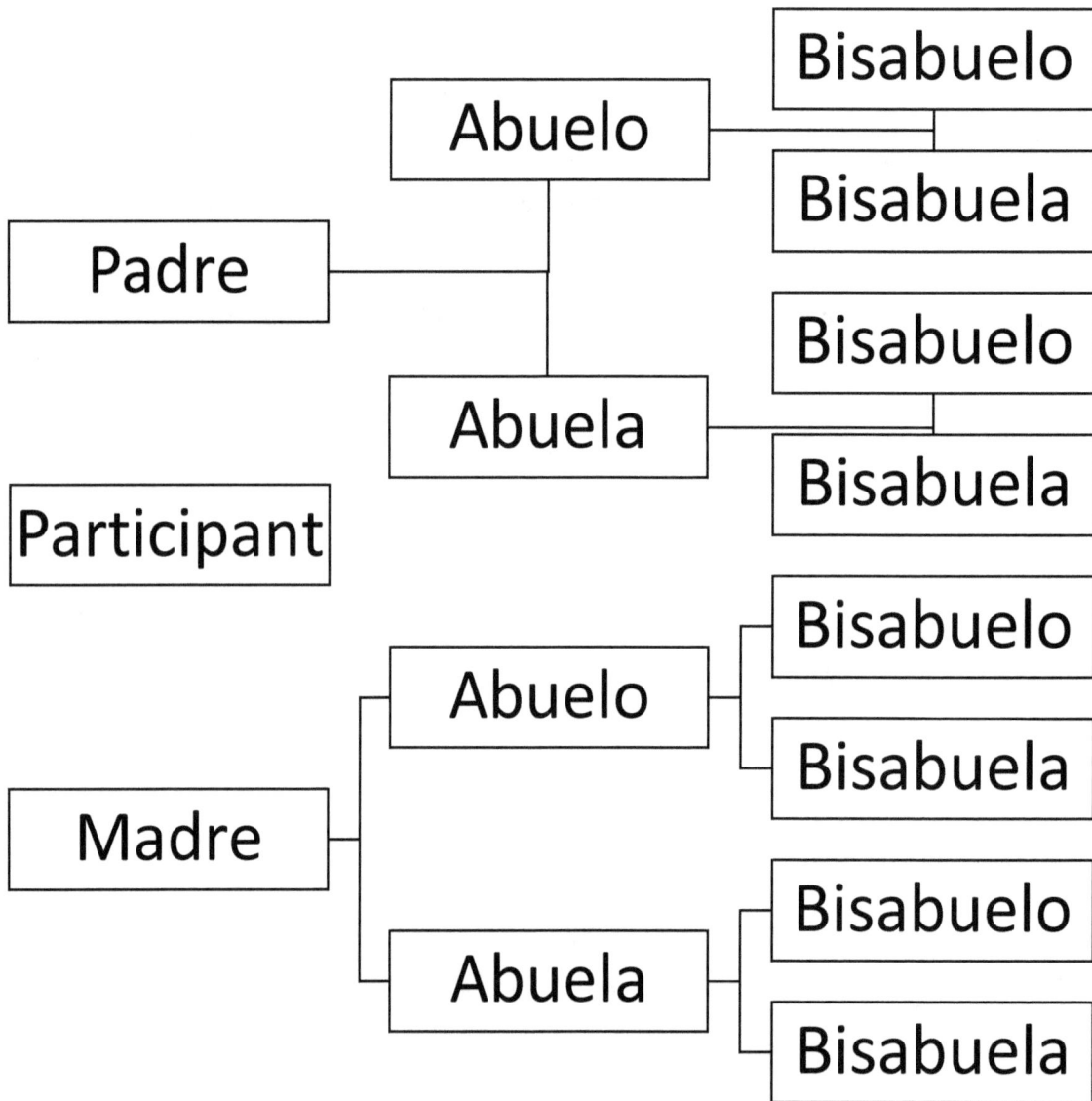

Una Oración de Perdonar en la Cruz

"Querido Señor,

"Tu Palabra dice que como yo perdono a otros, yo también estoy perdonado.

"Aquí en la cruz yo escojo perdonar.

(Nombre a la persona que está perdonando)"_____

"Te perdono por lastimarme. Lo que hiciste fue incorrecto. Me lastimaste. Pero te libro de mis juicios. Te libero a Jesucristo y estoy liberado también. Gracias, Jesús."

(Permita tiempo para esto. Deje que Jesús le muestre como es El con la persona que le lastimó. Tal vez haya una necesidad de pedirle perdón del otro.)

(Haga esto con tantos como el Espíritu Santo le trae antes de usted.)

"Amén."

"Padre,

"Te confieso mi enredo y participación en (nombre el pecado).

"Renuncio específicamente (nombre comportamientos):

"Entiendo que tales cosas son una abominación para ti y detestables ante tus ojos.

"Humildemente pido tu perdón por mi pecado en estas áreas.

"Te pido quitar cualquier entrada demoniaca en mi como resultado de mis acciones o las acciones pecaminosas de otros en mi y límpiame de estos pecados y cierra todas las puertas para siempre con la preciosa sangre de Jesús.

"Te pido esto en el nombre de Jesús y te lo doy gracias.

"En el nombre de Jesucristo, mando estos espíritus demoniacos a irse y nunca volver. Ahora, por la fe, cierro cada entrada de esas áreas de pecado de mi vida.

"Ahora, Padre, por favor lléname en estas áreas con tu Espíritu Santo.

"Te doy gracias, en el nombre de Jesús.

"Amén."

(Oración acreditada a Rita Bennett, *Emotionally Free*)

Como Recibir el Amor de Dios y Plan de Salvación

- **Reconozca** el problema (separación de Dios a causa del pecado).
- **Admita** ser pecador, y que necesita salvación.
- **Confiese** sus pecados.
- **Reconozca** que Jesucristo se murió en la cruz por sus pecados.
- **Comprométase con** Jesucristo para que El pueda salvarle y guiarle.
- **Reciba** a Jesucristo como su Salvador y Señor personal, ahora.
  "Que si confiesas con tu boca que Jesús es el Señor, y crees en tu corazón que Dios lo levantó de entre los muertos, serás salvo." Romanos 10:9
  "Porque todo el que invoque el nombre del Señor será salvo." Romanos 10:13

Oración para Recibir a Jesucristo

"Señor Jesús, sé que he pecado contra ti y que no estoy viviendo según tu plan; así que te pido perdonarme. Creo que te moriste por mí y así pagaste la deuda para mis pecados. Me arrepiento de mi pecado y ahora quiero vivir la vida que quieres que viva. Te pido venir a mi vida y ser mi Salvador personal: Ayúdame a seguirte y obedecerte como mi Señor. Permíteme descubrir tu buena y perfecta voluntad para mi vida. Amén."

Jesus Saves New Testament, Derechos de Autor 1999 por The Lockman Foundation, La Habra, California.

YO SOY ESTOY

Soy hecho en el imagen de Dios. Gen. 1:26

Soy nacido de Dios. 1 Juan 5:18

Soy guiado por el Espíritu del Dios Viviente. Romanos 8:14

Soy un templo del Espíritu Santo. 1 Cor. 6:19

No soy mi propio dueño. 1 Cor. 6:19

Soy comprado por un precio. I Cor. 7:23

Soy lleno del amor de Dios. Romanos 5:5

Soy perdonado. Colosenses 1:14

Estoy caminando en el amor. Efesios 5:2

Estoy en paz con Dios en mi Señor Jesucristo. Romanos 5:1

Estoy plenamente convencido que Dios cumple lo que promete. Romanos 4:21

No estoy bajo la ley sino bajo la gracia. Rom. 6:14

Soy libre de la ley del pecado y la muerte. Romanos 8:2

Estoy andando en lo nuevo del espíritu. Rom. 7:6

Estoy dándole alegría a mi Padre porque estoy andando en la verdad. 1 Juan 1:4

Soy digno del cuerpo y la sangre de Jesús. Lucas 22:18-19

Estoy recibiendo el amor incondicional de Dios. Romanos 5:8

Estoy sentado en las regiones celestiales en Cristo Jesús. Efesios 2:6

Soy santo. Efesios 1:1

Soy aceptado. Efesios 1:6

Soy amado profundamente. Dan. 10:19

Soy precioso en los ojos de Dios. Salmo 116:16

Soy siervo. Salmo 116:16

Soy oído por Dios mi Padre. Sal. 116:1

Soy muerto al pecado. Romanos 6:11

Soy vivo para Dios en Jesucristo mi Señor. Romanos 6:11

Soy libre de condenación. Romanos 8:1

Estoy dando gracias en todo. Fil 4:6

Estoy abandonando toda malicia, envidias, calumnia. 1 Pedro 2:1

Estoy participando de la naturaleza divina de Dios. 1 Pedro 2:1

No soy víctima sino vencedor. Ap. 12:11

Soy hechura de la mano del Maestro. Efesios 2:10

Soy valioso a Dios. Mateo 10:31

Estoy andando en gran paz porque amo la ley (de amor) de Dios y nada me ofende. Salmo 119:165

Soy predestinado ser transformados según la imagen de Su Hijo. Rom. 8:29

Soy sabio de corazón. Proverbios 10:8

Soy vencedor por medio de la sangre del Cordero y mi testimonio. Ap. 12;11

Soy curado por sus heridas. Isaías 53:5

Soy fuerte en el Señor y el poder de su Fuerza. Efesios 6:10

Tomado de "The I AM Book" Derechos de Autor Susan Eaves
www.susaneaves.com
Sarasota, Florida

La Oración del Señor
(Rezada como Intercesión para Uno Mismo u Otro)

"Abba, Papi en el cielo.   Elevo y respeto tu Santo Nombre.   Tú eres mi Padre. Tú eres mi protector y estoy sostenido en tus brazos.

Ruego que venga tu reino a la vida de (mí o la persona que nombro), y que tu voluntad se haga en mi vida (o en la vida de la persona que nombro) aquí en la tierra como en el cielo.

Hoy dame (o a la persona que nombro) tu pan de cada día—físicamente y espiritualmente. Tu Palabra viviente en mí (o la persona que nombro). Lléname (o la persona que nombro) con todo lo que necesito (necesita).

Perdóname (o la persona que nombro) mis (sus) pecados como yo (la persona que nombro) perdono (perdona) a los que me (le) han pecado. (Yo confieso mis propios pecados ahora ante ti, Padre.)

Sana mi alma (de la persona que nombro) (añada "y espíritu" si la personal no es cristiano) que yo (o la persona que nombro) pueda perdonar a otros y perdonar a mi mismo (o si mismo).

Buen Pastor, pastor de nuestras almas, guíame (o a la persona que nombro) fuera de toda maldad, querido Padre.

Protégenos todos de los ataques del enemigo. Eres mi fortaleza y un pronto auxilio.

Tuyo, querido Padre, es el reino y tuyo el poder y tuya la gloria para siempre.

Según tu Palabra, que así sea en el Nombre de Jesús. Amén."

(Referencia a la escritura: Mateo 6:9-13)

Rompiendo Ataduras Sexuales y Psicológicas Incorrectas de Alma

¿Se dan cuenta de que sus cuerpos son parte de Cristo?

El cuerpo de un hombre, que le pertenece a Cristo, ¿debe unirse con una prostituta? ¡Nunca! ¿No sabe usted que si un hombre se une con una prostituta o fornicadora, él se hace un cuerpo con ella? El cuerpo de una mujer, que le pertenece a Cristo, ¿debe unirse con un fornicador? Si se une usted con ese hombre fuera del matrimonio su cuerpo se hace uno con él.

Las Escrituras dicen, "Los dos se funden en un solo ser." Pero la persona quien se une al Señor se hace un espíritu con El. Ningún otro pecado tan claramente afecta el cuerpo como éste. Inmoralidad sexual es un pecado contra su propio cuerpo. O ¿no saben que su cuerpo es templo del Espíritu Santo, quien vive en usted y fue dado de parte de Dios?

"Ustedes no son sus propios dueños; fueron comprados por un precio. Por tanto, honren con su cuerpo a Dios." (1 Corintios 6:15-20)

Nota: Cualquier pecado sexual fuera del matrimonio es pecado. Fornicación, adulterio, homosexualidad y sodomía son todos pecados sexuales e incorrectos ante los ojos de Dios.

Otros tipos de ataduras incorrectas del alma son:
- Relaciones co-dependientes
- Relaciones posesivas controladoras
- Relaciones ocultas

Oración para Romper Ataduras Sexuales Incorrectas y/o Ataduras del Alma

Señor, Confieso que he pecado contra ti y mi alma y cuerpo.
He usado mal mi cuerpo con (nombre(s)). Me arrepiento y lo siento de verdad por mi equivocación. Por favor perdóname, Señor, y con tu ayuda ya no pecaré.
Ahora tomo la espada del Espíritu y corto cada atadura espiritual, física, mental y emocional entre cada persona con quien he estado involucrado incorrectamente. Sello los extremos con la sangre de Jesús para que nunca puedan reunirse otra vez.
Gracias, Señor, que estas ataduras ya no tienen ningún poder sobre mí. Estoy libre en el nombre de Jesús. Amén.

ORACION PARA CORTAR ATADURAS GENERACIONALES INCORRECTAS

Señor, tomo la espada del Espíritu, tu Palabra, y corto entre la generación segunda y tercera la atadura generacional incorrecta (nombre el espíritu incorrecto: ej. adicciones, rabia, etc.) al lado de mi padre y/o el lado de mi madre. Corto esa atadura incorrecta y sello los extremos con la sangre de Jesucristo nunca reunirse otra vez. (Continúe con esta oración de cortar las generaciones ahora entre las generaciones primera y segunda en cualquier o ambos lados de la familia; luego entre usted y su madre y/o padre y finalmente entre usted y sus hijos y sus hijos de ellos.)

A veces es bueno levantar el brazo como si tuviera una espada y hacer movimientos de cortar. Puede experimentar alguna resistencia cortar entre ciertos individuos en su línea familiar. Continúe cortando hasta que se siente una liberación antes de seguir.

Efesios 6:13-17:

"Por tanto, tomad toda la armadura de Dios, para qué podáis resistir en el día malo, y habiendo acabado todo, estar firmes. Estad, pues, firmes, ceñidos vuestros lomos con la verdad, y vestidos con la coraza de justicia, y calzados los pies con el apresto del evangelio de la paz. Sobre todo, tomad el escudo de la fe, con que podáis apagar todos los dardos de fuego del maligno. Y tomad el yelmo de la salvación, y la espada del Espíritu, que es la palabra de Dios."

Vea también 1 Corintios 4:8-18

Oración para el dolor que parece no irse

(Del libro de Liberty Savard: *The Unsurrendered Soul,* p. 214)

Señor, ato cada célula de mi cuerpo a tu voluntad y propuestas para mi vida. Ato mi mente a tu mente, Jesús, y necesito que me hables. Desato, aplasto y destruyo cada efecto e influencia de maldición de palabras siendo dirigida hacia mí. Desato los efectos e influencias de cualquier brujería, vudú, encantamientos y cualquier invitación a las fuerzas demoniacas a atacarme. Desato, aplastar y destruir cualquier maleficio o maldición u oraciones incorrectas que podría haber sido dirigidas a mí. Gracias, Padre."

Recite Salmo 64:1-4, 7-8 NVI
Salmo 64

Escucha, oh Dios, la voz de mi queja;
  protégeme del temor al enemigo.
Escóndeme de esa pandilla de impíos,
  de esa caterva de malhechores.
Afilan su lengua como espada
  y lanzan como flechas palabras ponzoñosas.
Emboscados, disparan contra el inocente;
  le tiran sin temor y sin aviso.

Pero Dios les disparará sus flechas,
  y sin aviso caerán heridos.
Su propia lengua será su ruina,
  y quien los vea se burlará de ellos.

Repita si el dolor regresa....

Oración del Perdón de Juicios

Señor, perdono a (nombre).

Señor, te doy permiso a tomar el juicio y amargura de mi vida.

No quiero esto en mi vida. Lo entrego a ti y pido quitarlo, sanarme donde he estado herido. . . perdonarme donde he pecado.

Escojo no culpar o sostener las acciones de otros contra ellos. Por lo presente entrego mi derecho de reembolsarme por mi pérdida, por la persona que ha pecado contra mí y así, declaro mi confianza solo en Dios, como el Juez Justo.

Padre Dios, bendícelos de cada manera. Pido esto en el Nombre de Jesús. Amén"

Oraciones para Renunciar el Juicio

"Juicios"

Padre, escojo perdonar a (mi madre, (mi padre)) por (ofensa). No importa si lo que fue hecho fue correcto o incorrecto, no fue mi lugar juzgar. Por favor perdóname por mis juicios y te desato a (nombre). Te pido romper todas ataduras que me sostiene a los juicios, en el Nombre de Jesús y por su sangre derramada. Gracias, Padre.

Rompiendo el Poder de Maldiciones y Votos Internos

A. Rompiendo el Poder de Maldiciones

1. Identifique las maldiciones hechas contra nosotros por otros o nosotros mismos. Aprenda a reconocer cuando un pronóstico malo está siendo hecho, o por usted u otro.
2. Tome autoridad sobre la maldición en el poder y autoridad de Jesús que more en nosotros.
3. Atese a Cristo y a Sus promesas para nuestras vidas. Atese a la verdad de Su Palabra (rece versículos de Escritura específicos pertinentes a el área de la vida afectada por la maldición.) Renuncie y desate la maldición de su vida, desatando todos los efectos negativos y comportamientos incorrectos subsecuentes, ideas y creencias que podrían haberse desarrollado (oración adaptada de *ShatteringYour Strongholds*, Liberty Savard).
4. Por la sangre de Jesús, pida a Dios a perdonarnos por hacer o aceptar la maldición. Nosotros perdonamos a otros involucrados y nos perdonamos a nosotros mismos.
5. Reclamamos el poder del Espíritu Santo así como nos comprometemos a caminar en la victoria sobre la maldición.

Nota Importante:

¡Rompiendo el poder de la maldición no es el fin! Maldiciones no existen en el vacío. Rompiendo las maldiciones borra un poco el desorden del camino a sanar. Después de romper el poder, proceda a identificar la raíz y el origen—el recuerdo o situación que está en la raíz.

Oración de sanar internamente es efectiva en encontrar el portón abierto que permitió a la maldición arraigarse en el alma. Rece por el sanar de las heridas causadas por necesidades no satisfechas, heridas no sanadas o problemas no resueltos y por la revelación de las mentiras bajo las heridas. Pida a Jesús que traiga Su verdad para anular las mentiras y cerrar el portón que dejaron abierto las mentiras.

6. Proclamar bendiciones sobre su vida según la Palabra de Dios.

B. Rompiendo Votos Internos:

1. **Reconocimiento**: Si no se acuerda el voto en su mente consiente, el Espíritu Santo lo revelará si lo pide.
2. **El Perdón**: Explore y comience el proceso de perdonar a los quien le han lastimado y a si mismo. Pida perdón de Dios por juzgar y tomar Su trabajo de Juez.
3. **Confiese y arrepienta** de las acciones pecaminosas que llegaron al hacer el voto.
4. **Renuncie el voto**: Votos pueden estar rotos por la autoridad que nos ha dado Jesucristo. Use la autoridad de atar y desatar (Mateo 16:19; 18:18). Puede estar guiado por el Espíritu Santo a hablar a la parte de un niño por dentro que necesita estar desatado del voto.
5. Dígale al Señor que está **listo y complaciente a aceptar los dones** que El ha estado esperando regalarle (o a la persona para quien han estado rezando).
6. **Persevere**: Debemos conquistar costumbres practicadas por largo tiempo. .

Es importante reconocer que (como las maldiciones) votos internos no existen en el vacío. Vienen por una experiencia dañosa. El proceso arriba de renunciar es muy poderoso y efectivo en el curso del sanar internamente los recuerdos y sentimientos de ese evento.

Si descubre un voto interno, tenga la seguridad de **ir a la raíz y origen de ese voto interno** para que Jesús traiga sanación a esa experiencia. Es el encuentro con El que provee sanación. Hasta que la sanación esté al fondo de la experiencia, estamos en peligro de solamente proveer más información a la persona. Puede traer alivio provisional pero no traerá sanación.

Oración para Votos Internos

En el nombre de Jesús, Renuncio el voto que hizo (declare el voto). Arrepiento de él y lo rompo por el poder del nombre de Jesús y Su sangre derramada. Por favor perdóname, Padre, y libérame de los efectos de ese voto. Gracias, Padre. Amén.

SALMO 23 Meditación

El Señor es mi pastor, mi proveedor, nada me faltará nada. . .
En verdes pastos me hace yacer, pastos vivientes:
Me conduce hacia aguas de reposo, aguas pacíficas que sanan. . .
Confortará mi alma: mi mente, mi voluntad, y mis emociones.
Me guía por sendas de justicia, de ser en relación justa con El y otros
Por amor de su nombre. . .
Aunque ande, no gatear o caminar arrastrando, en valle de
Sombra, porque es sólo una sombra, no una cosa real, no temeré mal alguno:
Porque tú estarás conmigo: Siempre estás conmigo. Tu vara de autoridad y tu cayado de amor y
misericordia, me infundirán aliento.
Aderezas mesa delante de mí en presencia de mis angustiadores: un banquete de banquetes justo en el
desierto has preparado para mí. Unges mi cabeza
con aceite: Tu aceite sanativo, tanto que mi copa está rebosando.
Ciertamente el bien, la misma bondad de ti y tu misericordia, tu misericordia constante, me seguirán
todos los días de mi vida: y en esta tierra y el reino que viene moraré en la
Casa del SEÑOR por largos días.

El Cuerpo

EL CUERPO, EL PAN FUE PARTIDO
LA SANGRE, EL VINO FUE VERTIDO.
UNO POR UNO EN FILA VINIERON
LOS FIELES Y LOS LLENOS DE FE
EL QUE DUDA Y EL QUE PREGUNTA
EL AISLADO Y EL ABRAZADO
EL SOLITARIO Y EL ENCANTADOR
EL QUE SUFRE Y EL SANADO.
EL ANCIANO Y EL MAS JOVEN
HOMBRE Y MUJER
CREYENTE Y EL QUE DUDA
ALMAS EN LLAMAS
CORAZONES DE PIEDRA.
SENSUALMENTE CERCA
TEMIBLEMENTE DISTANTE
EXPECTANTE
REDIMIDO SANCTIFICADO PERDONADO AMADO
"The Chalice" HCB '98

"Cediendo la Voluntad a Dios y Oración Limpiadora de la Imaginación"

Querido Padre Dios,

Te cedo mi voluntad. Te doy permiso de ir a cualquier nivel dentro de mí, a sanar, a limpiar y restaurar según tu verdad.

A lo mejor de mi capacidad te invito a ser mi Señor, incondicionalmente. Por favor sé Señor de mi subconsciente, tanto como mi mente consciente.

Renuncio cada enseñanza y actitud falsa y te pido limpiar y protegerme con la sangre de Jesús.

Bajo cada imaginación incorrecta y todo lo que se exalta contra el Conocimiento de Dios, y traigo cada pensamiento cautivado al Señor Jesucristo.

(II Corintios 10:5, personalizada)

Gracias, Señor Dios, en el Nombre de Jesús.

CAPITULO 9

Andando en Su Sanación en Victoria Diaria

Conceptos Claves:
- Sanar es un proceso
- Dios inicia y cumple el proceso
- La necesidad de comunidad Cristiana
- Use las herramientas de estudio bíblico y oración y encuentre un mentor o director espiritual

Introducción:

Andando en la victoria diaria en la sanación es el proceso de ser santificado. Victoria espiritual viene por una relación renovada continuamente con Dios. Su relación con Dios necesita quedarse nueva y fresca. Nuestra salvación está asegurada por la aceptación personal de Jesucristo como nuestro Señor y Salvador. El reto de vivir como cristiano es andar en la victoria diariamente. *"...lleven a cabo su salvación con temor y temblor."* (Filipenses 2:12)

"Por tanto, de la manera que habéis recibido al Señor Jesucristo, andad en él; arraigados y sobreedificados en él, y confirmados en la fe, así como habéis sido enseñados, abundando en acciones de gracias." (Colosenses 2:6-7)

Sanar es un Proceso

A veces parece en sanación que avanzamos tres pasos y atrasamos dos. Sanar es un proceso. La Escritura dice "Yo soy el Dios tu sanador." (Exodo 15:26) Este sencillo versículo desafía a los cristianos de no trivializar la sanación por respuestas rápidas cuando la sanación parece fallar o ser una lucha o por disminuir el trabajo divino de Dios porque el mundo moderno busca explicaciones naturales o por insistir que el criterio humano se encuentre en nuestra evaluación de la sostenibilidad de sanar. Muchos cristianos, especialmente en Norteamérica, quieren soluciones rápidas y sanación rápida. Perseverancia, paciencia y revelación más profunda de sanar han sido y siguen siendo desafíos en sanar interno.

Sanar es trabajo divino y por eso, es difícil evaluar la sostenibilidad de sanar internamente como evidenciada por transformar vidas por Cristo reflejando comportamiento nuevo. Es difícil porque miramos la sanación con ojos humanos. Recaída, un término nuevo, es reincidencia, cayendo o tropezando como descrito en Escritura (Hebreos 6:4-6). Nosotros sí caemos y Dios, quien es el Sanador, nos llama una y otra vez. Nada es imposible para Dios. Esto trae esperanza a todos quienes luchan o pueden recaer en el proceso de sanar.

Alguien con quien recé que estaba luchando con su egocentrismo que seguía infestándole declaró que su meta en sanar: *"También me gustaría poder mirar a la persona que me está causando dolor, con amor, en vez de tener mi conciencia enfocada en mí misma (otro-centrismo vs. Egocentrismo).* Ella no había perdido la esperanza en esta lucha.

El teólogo Karl Barth declara "La última palabra sobre el mundo de los hombres no es 'Polvo eres, y ¡al polvo volverás!' Sino, porque vivo, vosotros también vivirás. Con esta última palabra en nuestras mentes sentimos la esperanza y nuestra necesidad esta agitando dentro de nosotros. La gloria de Dios está avanzando y ya nos ha garantizado" (Barth 297).

Dios inicia y cumple el proceso

Escritura declara claramente que Dios es alfa y omega y así es con sanar. Esta realización no son palabras solamente sino revelación o epifanía. ¡Dios es fiel y firme! Y El nos da el poder de ser fieles y firmes.

Tal vez una definición mejor de sanar tiene que ser con esta firmeza en perseverar a pesar de la dificultad o demora en el logro de éxito. ¿Sanar y vivir esa sanación a pesar de los contratiempos significa que todos nosotros en el proceso de sanar tenemos que quedarnos firmes, devotos a Dios y quien es, no temerosos y dándole nuestra atención indivisible no importa qué pasa? Ninguno de nosotros está perfeccionado en esto. Este es el desorden o los cabos sueltos de tratar de definir lo que es sanar. Una persona en el proceso de sanar sucintamente declara esto: "Tengo que saber que puedo confiar en Dios y no temer que el patrón de comportamiento negativo seguirá. O puedo escoger el camino de miedo o el camino de amor." Otra vez oímos a Philip Melanchthon, "Lo que el corazón desea, la voluntad escoge y la mente justifica," para sanación o destrucción (Allison 128-129).

La Necesidad de Comunidad Cristiana

La necesidad de comunidad cristiana como sostén para participantes en sanar interno es crucial para el logro y bien estar de uno. La comunidad nos da a todos la oportunidad de compartir uno con el otro con gran transparencia las dificultades de mantener sanación. Es asombroso y encantador oír a otro expresar verbalmente su propia lucha de usted con problemas de la vida como identidad e inseguridad. También es alentador oír de como otro anda en la victoria de su sanación.

Martin Luther sufrió de severos episodios de depresión a lo largo de su vida. Mientras yo estudiaba su vida me di cuenta de la necesidad del apoyo comunitario y compasión. Estos episodios de depresión en la vida de Luther que le llevaban a la devastadora soledad y negación absoluta de sí mismo, eran las cenizas de las cuales surgía el corazón de sus conferencias y sermones, trayendo a muchos a escucharlo. En un momento durante el tiempo en que experimentaba terribles terrores nocturnos escribió, "'…desafiaré al Duque George y a todos los abogados y teólogos, pero cuando estos malvados, los espíritus malignos vienen, la Iglesia debe unirse a la lucha…'" (Todd 343). La iglesia debe unirse en la lucha de sanación y liberación uno con el otro.

Si quiere crecer en su camino cristiano debe tener relaciones comprometidas con otros cristianos. Necesitamos a otros cristianos quienes nos harán responsables por el progreso en nuestros viajes de sanar. ¿Por qué? Porque estamos fácilmente engañados. No siempre nos vemos claramente. Necesitamos lugares seguros donde podemos compartir. Necesitamos a otros que nos amen. Nuestras comunidades deben ser comunidades de sanar done otros nos pueden ver y decir, "Ven como se aman uno al otro." Tenemos que pasar tiempo con gente para construir relaciones profundas.

Herramientas

Estudio personal de escrituras es crucial para el desarrollo de nuestro ser interior. Tenemos que igualar nuestras experiencias con la Palabra de Dios para confiar en su autenticidad. Nuestras experiencias deben formar el carácter de Dios dentro de nosotros. Su Palabra es más afilada que cualquier espada de dos filos. Separará de su vida cosas impías. Si no sabe la Palabra, ¿cómo será guiado? Toda la Escritura es inspirada por Dios (Timoteo 3:16). "Sea purificado en el lavamiento del agua por la Palabra," (Efesios 5:26).

Rece las escrituras (1 Tesalonicenses 5:23-24). Deje que la Palabra more, vuelva a la vida, en usted (Colosenses 3:16). La Palabra de Dios le cambia a usted (Romanos 2:4).

Descubra sus dones y permita que el Espíritu Santo los use a servir a otros.

Pase tiempo con Dios diariamente.

Comparta su sanación con otros. Derrame la misericordia que ha recibido en otra persona. Derramar lo que ha recibido redime su dolor. Aprenda como rezar oraciones de sanar internamente con otros. Tantos están heridos y necesitan sanar.

Crezca en responsabilidad a su comunidad. ¿Dónde está pasando su tiempo? ¿Su dinero? ¿Su talento? ¿Están gastando sus recursos en llegar a los incrédulos?

En Conclusión

Recuerde que el proceso de sanar es más cíclico que lineal en estructura. La referencia de Charles Spurgeon a Santificación por participación del Espíritu Santo, apunta sucintamente a este proceso de sanar. La sanación permite una penetración más profunda en el interior, exponiendo nuevamente nuestros defectos naturales tanto como las heridas escondidas todavía no sanadas. La lucha de mantener la sanación demuestra la lucha por las almas santificadas entre la gracia y la corrupción. Y a través de todo ¡Dios está con nosotros cada día, cada minuto de nuestras vidas! ¡Emanuel!

LA ORACION DE ANDAR EN SU SANACION

Gracias Señor por la sanación y por tu amor y compasión por mí. Me has dado las herramientas y conocimiento para seguir andando en mi sanación.

Te presento mi alma y mi cuerpo como sacrificio viviente. Señor, te doy permiso a crucificar diariamente mi naturaleza pecaminosa para que puede tener tu carácter construido dentro de mí. Te doy toda mi ansiedad y temores a cambio de tu paz y amor perfecto.

Espíritu Santo se mi maestro. Diariamente enséñame el camino de la verdad y amor. Enséñame como servirte a ti y a otros. Enséñame como entregar mis planes y en su lugar recibir tus planes para mi vida cada día. Renueva mi mente y corazón. Muéstrame como se un amigo piadoso. (Si casado como ser un cónyuge y padre piadoso). Ayúdame a hacer decisiones buenas y saludables acerca de mi cuerpo. Tráeme a una relación más profunda contigo y enséñame como adorarte y rezarte. Cuando me fallo, muéstrame tu misericordia, tu verdad y cuanto me ama. Ayúdame diariamente andar contigo y con tu ayuda, diariamente andar en mi curación. Amén.

Recommended Reading and Works Consulted

Allender, Dr. Dan B. *The Wounded Heart: Hope for the Victims of Childhood Sexual Abuse.* Colorado Springs: Navpress, 1990. Print.

The Archbishop's Council. *A Time to Heal: A Report for the House of Bishops on the Healing Ministry.* Trowbridge, Wiltshire: Cromwell, 2000. Print.

Augsburger, David W. *Helping People Forgive.* Louisville: Westminster John Knox Press, 1996. Print.

Bennett, Rita. *Emotionally Free.* North Brunswick: Bridge-Logos Publishers, 1982. Print.

Bosworth, F.F. *Christ the Healer*. Grand Rapids: Revell, 1973, 2000, 9th ed. Print.

Flynn, Mike and Doug Gregg. *Inner Healing*. Downers Grove, Illinois: InterVarsity Press. 1993. Print

Gockel, Annemarie. "Spirituality and the Process of Healing: A Narrative Study." *The International Journal for the Psychology of Religion 19* (2009): 217-230. Print.

Guyon, Jeanne. *Song of Songs.* New Kensington: Whitaker House, 1997. Print.

House, Wayne H. ed., *Divorce and Remarriage: Four Christian Views*. Downers Grove: InterVarsity, 1990. Print.

Ilibagiza, Immaculee. *Left To Tell*. Carlsbad: Hay House, 2006. Print.

Kalsched, Donald. *The Inner World of Trauma.* New York: Brunner-Routledge, 1996. Print.

Kraft, Charles H. *Deep Wounds, Deep Healing*. Ann Arbor: Vine Books/Servant Pub., 1993. Print.

Kylstra, Chester, and Betsy Kylstra. *Restoring the Foundations: An Integrated Approach to Healing Ministry.* Hendersonville: Proclaiming His Word Pub., 2001. 2nd ed. Print.

Linn, Matthew and Dennis Linn, *Healing Life's Hurts: Healing of Memories through Five Stages of Forgiveness.* New York: Paulist P, 1978. Print.

MacNutt, Francis. *Healing*. U of Notre Dame: Ave Maria Press. 1974. Print.

May, Gerald G. *Addiction and Grace.* San Francisco: Harper & Row, 1988. Print.

Meyendorff, Paul. *The Anointing of the Sick.* New York: St. Vladimir's Seminary P, 2009. Print.

Monroe, Philip G., George M. Schwab. "God as Healer: a Closer Look at Biblical Images of Inner Healing with Guiding Questions for Counselors." *Journal of Psychology and Christianity* 28.2 (2009): 121-129. Print.

Mumford, Nigel. *After the Trauma the Battle Begins.* Troy, NY: Troy Book Makers, 2011. Print.

Newbigin, Lesslie. *The Household of God.* New York: Friendship P, 1954. Print.

Packer, J.I. *Knowing God.* Downers Grove: InterVarsity, 1993. Print.

Payne, Leanne. *The Broken Image* Westchester: Crossway Books, 1981. Print.

--- *The Healing Presence: Curing the Soul Through Union with Christ.* Grand Rapids: Baker Books, 1995. Print.

--- *Restoring the Christian Soul: Overcoming Barriers to Completion in Christ Through Healing Prayer.* Grand Rapids: Baker Books, 1996. Print.

Pearson, Mark. *Christian Healing: A Practical and Comprehensive Guide.* Orlando, FL: Creation House, 2004. Print

Reichenbach, Bruce R. "'By His Stripes We Are Healed.'" *Journal of the Evangelical Theological Society* 41:4 (1998): 551-560. Print.

Sanford, John & Paula, *The Transformation of the Inner Man.* Tulsa: Victory House, 1982. Print.

Savard, Liberty. *Shattering Your Strongholds.* Gainesville: Bridge-Logos, 1992. Print.

--- .*The Unsurrendered Soul.* Gainesville: Bridge-Logos, 2002. Print.

Smith, Cheryl. "Substance Abuse, Chronic Sorrow, and Mothering Loss: Relapse Triggers Among Female Victims of Child Abuse." *Pediatric Nursing* 24.5 (2009): 401-412. Print.

Smith , Ed M. *Beyond Tolerable Recovery.* Campbellsville: Alathia Pub., 1999. Print.

Stapleton, Ruth Carter. *The Experience of Inner Healing.* Waco: Word, 1977. Print.

Stott, John R.W. *The Cross of Christ.* Downers Grove: InterVarsity, 1986. Print.

Todd, John M. *Luther: A Life*. New York: Cross Road, 1982. Print.

Torrance, Thomas F. *Theology in Reconciliation*. Grand Rapids: Eerdmans, 1976. Print.

Volf, Miroslav. *The End of Memory: Remembering Rightly in a Violent World*. Grand Rapids: Eerdmans, 2006. Print.

Wang, Shirley. "Can You Alter Your Memory?" *The Wall Street Journal* 15 Mar. 2010: 3. Print.

Wright, Christopher J. H. *The Mission of God: Unlocking the Bible's Grand Narrative.* Downers Grove: InterVarsity, 2006. Print.

Wright, Dr. H. Norman. *Crisis & Trauma Counseling*. Ventura: Regal, 2003. Print.

Wright, N.T. *Scripture and the Authority of God*. London: SPCK, 2005. Print.

Yoder, Carolyn, *Trauma Healing.* Intercourse: Good Books, 2005. Print.

www.ingramcontent.com/pod-product-compliance
Lightning Source LLC
LaVergne TN
LVHW081333060426
835513LV00014B/1276